まんが版

大阪市の歴史

脚色・画　さいわい徹

編集　大阪市史編纂所
大阪市史料調査会

まんが版　大阪市の歴史　目次

プロローグ

引っ越し完了！
どこが完了よ！荷物はまだダンボールのままよお兄ちゃん!!
今日からボクらは大阪市民
あれが大阪城か‥‥

でも……
大阪ってどんな所なんだろう……
いい所だよ！ボクが今から案内してあげようか？
え!?
きみはいったい誰？
わわっ
ボクは未来から来たロボット犬マック！
未来から来たロボット犬!?
……
……

ハイ！じゃあ乗って！
ビビッ
ビビッ
そんな小さいとこ無理よ！
パッ
わ！いつのまに!?
しゅっぱーつ
わっ飛んだ!!
下に見えるのが大阪の中心を走る御堂筋《みどうすじ》

これが中之島《なかのしま》にある大阪市役所！
市役所の南北を流れる川があって
その川を東へとたどっていくと—
大阪城！

そして大阪城から南に広がる上町《うえまち》台地
もともとこの上町台地を中心に大阪の町は広がっていたんだ
古代からずっとね
大阪にはどれくらい前から人が住んでいたの？
三万年前からだよ！
三万年前の大阪に行ってみよう
ええ⁉これはタイムマシンなの⁉
ビビビ

1 原始時代の生活　ゾウのいた旧石器時代

ほら ここが 三万年前 旧石器時代《きゅうせっきじだい》の 大阪湾 だよ！
パッ
ええ!? 大阪湾って どこが!? 海なんて どこにも 見えないよ!?

このころは 今よりも 気温が ずっと低い 氷河期《ひょうがき》でね
海面が 今より 一五〇メートルも 低かった。 だから日本と ユーラシア大陸も 地続きだったんだ

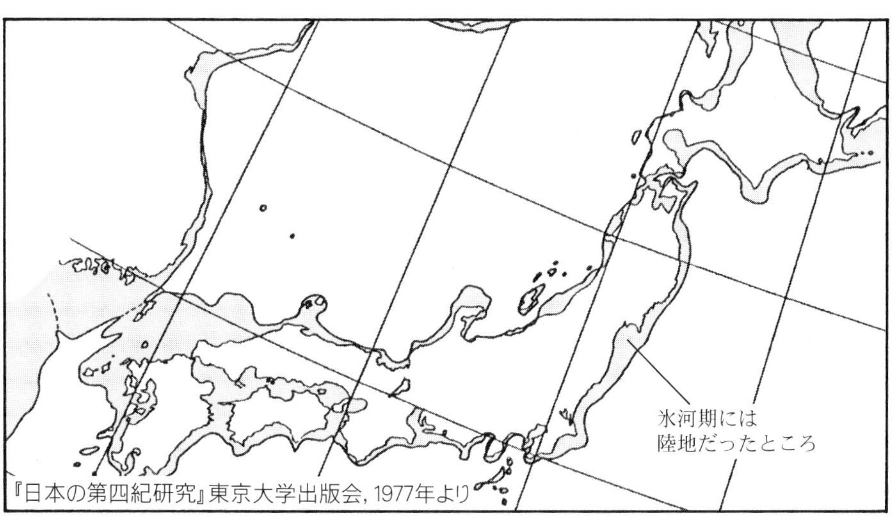
氷河期には
陸地だったところ
『日本の第四紀研究』東京大学出版会, 1977年より

プアーーオ
きゃっ 何よ これ!!
大陸からきた ナウマンゾウだよ
え!? 大阪に ゾウが いたの!?
阿倍野区《あべのく》 阿倍野筋《あべのすじ》と 東成区神路《ひがしなりくかみじ》で ナウマンゾウの 骨がみつかって いるよ
オッ 人間だ!
ワー
ワー
ワー

獣《けもの》や魚をつかまえたり植物の実をとったりして生活していたんだ
やりの先をごらん石を使ってるだろ
＊二上山《にじょうざん》に転がっているサヌカイトという石を加工して使ってたんだ
サヌカイトは火山岩の一種でねたたいて鋭い刃を作り出すことができるのでナイフのように加工して使ってたんだ
ゾリゾリ
ナイフ型石器というんだ

＊二上山：大阪府太子町と奈良県葛城市《かつらぎし》の境にある。

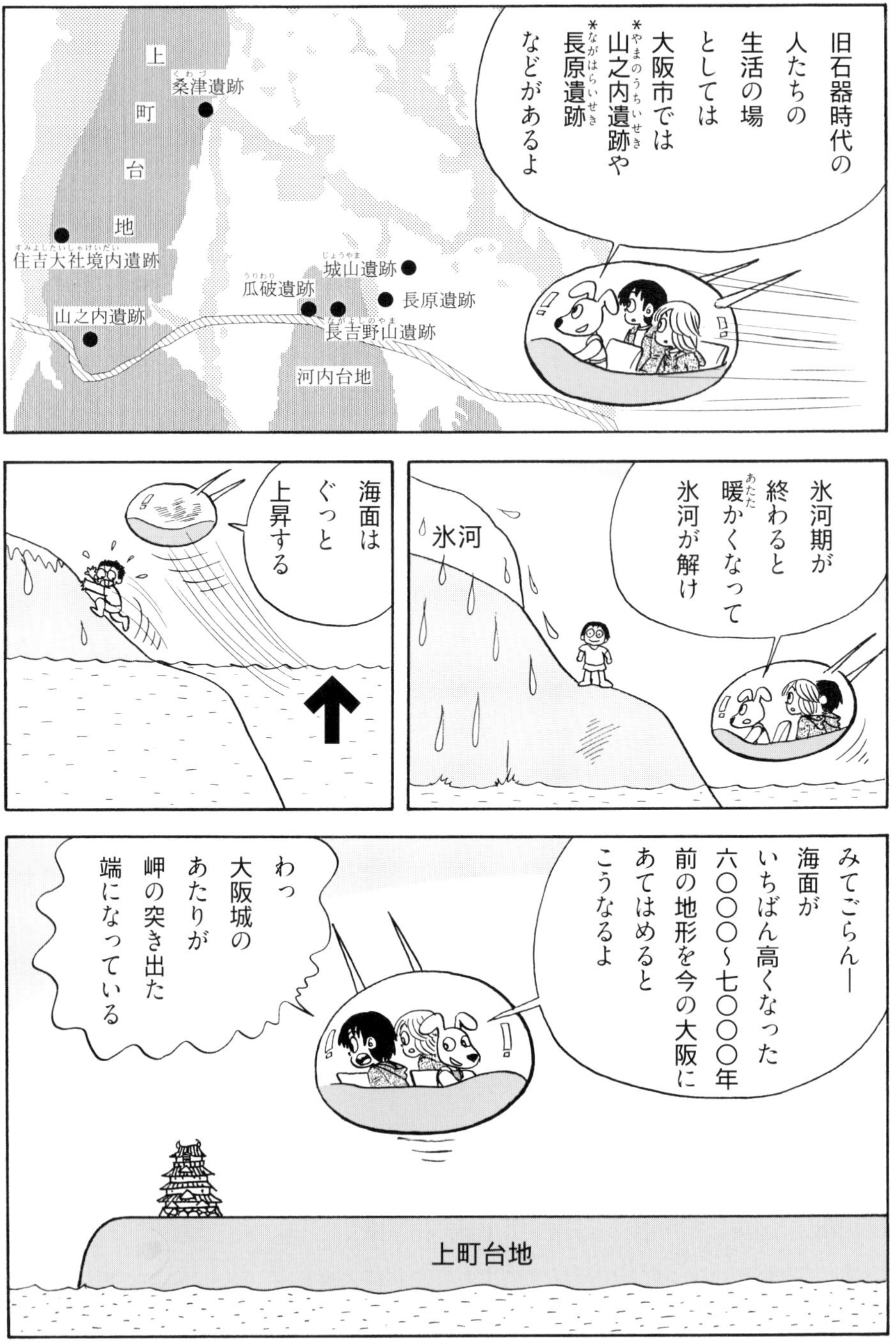
旧石器時代の人たちの生活の場としては大阪市では＊山之内遺跡《やまのうちいせき》や＊長原遺跡《ながはらいせき》などがあるよ
上町台地
桑津《くわづ》遺跡
住吉大社境内《すみよしたいしゃけいだい》遺跡
山之内遺跡
瓜破《うりわり》遺跡
城山《じょうやま》遺跡
長原遺跡
長吉野山《ながよしのやま》遺跡
河内台地
氷河期が終わると暖《あたた》かくなって氷河が解け
氷河
海面はぐっと上昇する
みてごらん― 海面がいちばん高くなった六〇〇〇～七〇〇〇年前の地形を今の大阪にあてはめるとこうなるよ
わっ 大阪城のあたりが岬の突き出た端になっている
上町台地

＊山之内遺跡：住吉区山之内付近にある。

＊長原遺跡：平野区長吉長原付近にある。

地図にしてみると都島《みやこじま》も守口《もりぐち》も一面海の底！東は生駒山《いこまさん》のすそまで湾になっているだろうこれを河内湾《かわちわん》というんだよ
千里丘陵《せんりきゅうりょう》
河内湾
上町台地
生駒山地
ええっ!?大阪のほとんどは海の底だったの!?
そうだよ
川が運ぶ土や砂などで河内湾が埋まっていって河内湖となり
河内湖
五世紀以降開発の手も入って河内湖は埋め立てられ今の大阪平野になっていくんだ
スゴイね

貝塚でわかる縄文時代

縄文時代《じょうもんじだい》の河内湾にはクジラも泳いでいるよ
日本で初めて土器《どき》が使われたのは今から一万二千年も昔のこと―
縄《なわ》の模様がついてるから縄文土器っていわれているのは知ってるよね
!
!
土器を使うことで食べ物を煮《に》たり汁物《しるもの》にできるようになったんだ
わっ おいしそう!
!

何を食べてるんだろう？
それはね
＊森《もり》の宮遺跡《みやいせき》の貝塚《かいづか》が発見されてわかったんだよ
森の宮遺跡って？
貝塚って？
森の宮遺跡は上町台地と河内湾の接したあたりにあったんだ
河内湾
森の宮遺跡
上町台地
貝塚とはそのころの人たちが食べたあとのものを捨てた場所のことなんだよ
ザッ
貝塚からはカキ・シジミなどの貝殻《かいがら》やハモ・クロダイ・フグなどの骨が多くみつかってるよ
へー
魚釣りもしてたのかな？

＊森の宮遺跡：中央区森ノ宮中央一丁目にある。

もちろん！貝塚から獣の骨でつくった釣り針やヤスなどがみつかってる！
でも縄文時代の人たちが食べてたのは貝や魚だけではない
貝塚からはイノシシやシカなどの骨もみつかってる木の実などもとって食べてたんだ
！
この貝塚の一部はアピオ大阪＊（市立労働会館《しりつろうどうかいかん》）の地下に展示されているよ
あ　そうそう森の宮遺跡からは一八体の埋葬人骨《まいそうじんこつ》もみつかってる
えっ？
そのうちの二〇歳代男子の身長は一六〇センチ位だったらしいよ！
へーー！

＊アピオ大阪：中央区森ノ宮中央一丁目にある。

弥生時代の集落

さあー紀元前三〇〇年ごろまでひとっとび！弥生時代《やよいじだい》に行ってみよう！
ほら着いた！ここは河内台地の北で平野区《ひらのく》の長原《ながはら》！
パッ
旧石器時代の遺跡もあるけど弥生時代の遺跡としても有名な所だよ
中国・朝鮮半島から伝わってきた稲《いね》を栽培する人がどんどん増えたのが弥生時代ー

何をしているの？
石包丁《いしぼうちょう》で稲の穂を摘み取ってるんだ

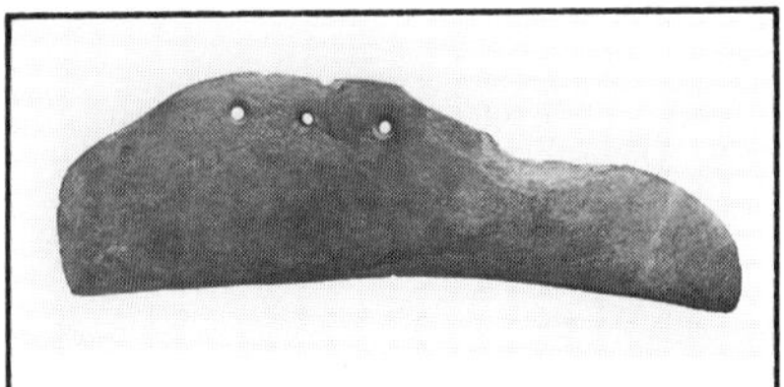
瓜破遺跡出土

大阪市域の主な弥生遺跡

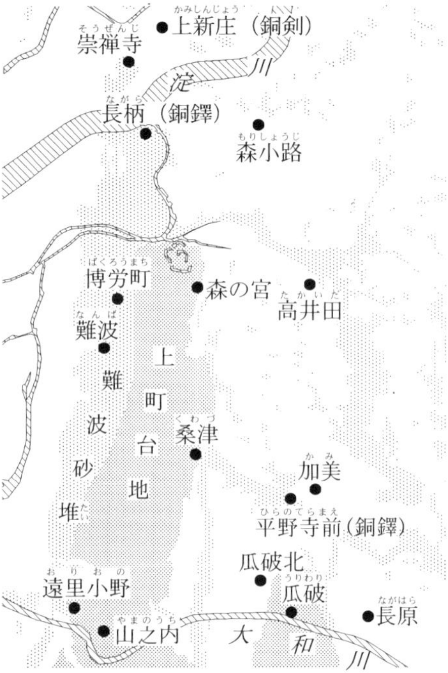
上新庄《かみしんじょう》（銅剣）
崇禅寺《そうぜんじ》
淀
川
長柄《ながら》（銅鐸）
森小路《もりしょうじ》
博労町《ばくろうまち》
森の宮
高井田《たかいだ》
難波《なんば》
上町台地
難波砂堆《たい》
桑津《くわづ》
加美《かみ》
平野寺前《ひらのてらまえ》（銅鐸）
瓜破北
遠里小野《おりおの》
瓜破《うりわり》
長原《ながはら》
山之内《やまのうち》
大和川

稲作で食物が安定して得られるようになると人口は増え集落《しゅうらく》は大きくなっていく

弥生時代後期には集落のまわりに大きな溝が掘られた
環濠《かんごう》っていうんだよ
溝の断面図
2m
5m

何のためにこんな溝を掘ったの？
土地や水をめぐる争いがあり外敵の攻撃を防ぐために掘ったんだね

ねぇ この 長原遺跡からは どんな物が 出てきたの？
人形《ひとがた》の 土製品とか
動物の姿を 描いたと 思われる 絵画土器《かいがどき》が みつかってるよ
それから 墓地も みつかってるよ！
えっ お墓!?
方形周溝墓《ほうけいしゅうこうぼ》 といってね 四角形に 溝を掘った中に 木や土器の棺《ひつぎ》が いくつも埋めて あるんだ

同じ部族や家族の人たちをひとつの区画に葬《ほうむ》ったようだ
でもこうした墓地を所有できたのは有力者《ゆうりょくしゃ》に限られていたようだね
長原遺跡からは方形周溝墓が四〇以上もみつかってるんだよ
銅鐸《どうたく》は出てないの!?
銅鐸って何？
お祭りなんかに使われたものらしいよ日本のあちこちでみつかってるって教科書に出てたよ
平成《へいせい》八年（一九九六）には島根県《しまねけん》雲南市《うんなんし》の加茂岩倉遺跡《かもいわくらいせき》で三九個も掘り出されたってさ！

残念ながらちゃんとした発掘調査で発見された銅鐸はないんだ
ええっ!?
弥生時代の大阪には銅鐸はなかったの?
そんなことはないよ平成三年(一九九一)に江戸時代の古文書がみつかってね
そこには明和《めいわ》年間(一七六四~七二)に*平野《ひらの》の近くで農夫が井戸を掘っていたら風変《ふうが》わりな銅器が出てきたと書かれていたんだよ
なんだこれは!?
それが銅鐸だったの?

*平野の近く：現在の平野区平野市町付近で掘り出されたらしい。

正確な場所やどんな地層にあったかなどはわからないんだけどね
変な物が出てきました何でしょう？
これは千年以上前のものじゃ！
えーっ
古文書の絵などからこれは銅鐸だとわかったんだよ
それでその銅鐸は今どこにあるの？
調査の結果明治五年（一八七二）京都で行われた博覧会に出品されていたことがわかったんだ！

今は京都の国立博物館に保存されているよ
大阪から海外に渡った銅鐸もあるよ
ええっ!? それってどういうこと?
アメリカのボストン美術館にある銅鐸が江戸時代の文献に*長柄《ながら》で掘り出されたと記録されているのと同じものだとわかったんだよ
へえー
あっ そういえば銅鐸とならんで弥生時代の代表的な青銅器には銅剣《どうけん》もあったよね!

*長柄：北区長柄付近。

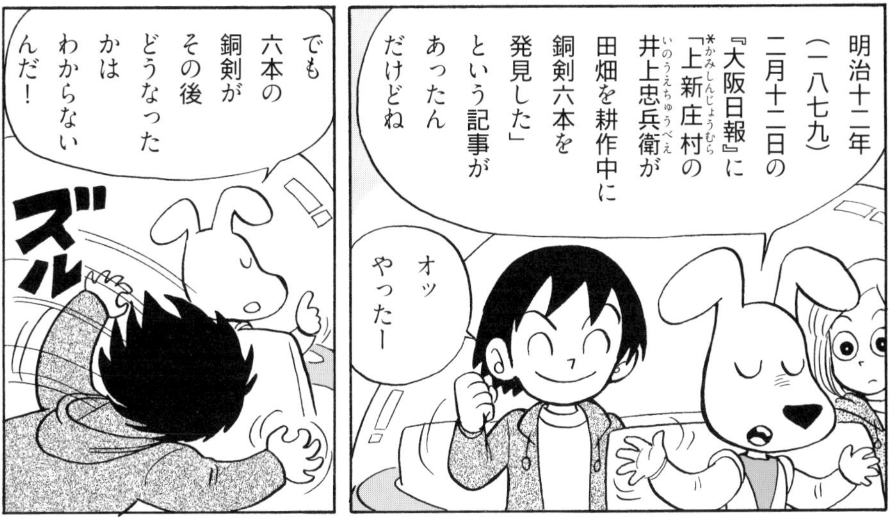
明治十二年（一八七九）二月十二日の『大阪日報』に「*上新庄村《かみしんじょうむら》の井上忠兵衛《いのうえちゅうべえ》が田畑を耕作中に銅剣六本を発見した」という記事があったんだけどね
オッ やったー
でも六本の銅剣がその後どうなったかはわからないんだ！
ズル

*上新庄村：現在の東淀川区豊新三丁目付近。

弥生時代のものでは青銅器のほかに鉄器や木の農具米を貯蔵する壺《つぼ》やイイダコをとるタコツボ型土器なんかもみつかっているよ

タコツボ型土器（難波駅構内出土）

木製鍬《すき》（瓜破遺跡出土）

2 古代国家と難波

古代の都難波宮

ちょっと現代に戻ってみよう
パッ
!
ここは大阪の中心部中央区《ちゅうおうく》法円坂《ほうえんざか》にある難波宮《なにわのみや》史跡《しせき》公園
今から一三〇〇～一三五〇年前「難波宮」という都があった跡なんだ
そのころの日本の都は大阪だったの!?
!
そうだよ! 六四五年の「*大化《たいか》の改新」の後 孝徳《こうとく》天皇のとき 都は*飛鳥《あすか》から この難波に移されている
でも その難波宮はどこにあったかわからなくなってしまっていたんだよ
ここ上町台地にあったという人もいれば大川の北の平野《へいや》にあったという人もいたんだ

*大化の改新：中大兄皇子（のちの天智天皇）らが蘇我氏を滅ぼして行った政治の大改革。

*飛鳥：奈良県高市《たかいち》郡明日香村。

どうして ここだと わかったの
大正《たいしょう》時代に このあたりから 奈良《なら》時代の 瓦が発見 されたんだ
山根徳太郎《やまねとくたろう》という 学者さんがね それを見て 難波宮は きっとここにあった とにらんだんだ
山根徳太郎
昭和《しょうわ》二十七年 （一九五二） このあたりで 建設工事が 始まると……
キョロ
キョロ
おっさん こんなとこで 何してんのん
いやぁ〜 瓦が 落ちてないか と思ってね ……
古い瓦が 出てきたら 捨てずに 残しておいて くれんかね
瓦？ まあいいや 見つけたら おいとくよ

やがて工事現場から何枚かの瓦と立派な＊鴟尾《しび》が掘り出された
やはりここが難波宮跡にちがいない！
これだ
こうして昭和二十九年（一九五四）発掘調査が始まった
でも難波宮がここだという証拠《しょうこ》はなかなか得られなかったんだ
へんいつまでかかっとるんや
あれじゃあ難波宮やのうて難破《なんぱ》した山根の宮や！
大丈夫！ここが難波宮跡だ！わたしには自信がある！

＊鴟尾：宮殿や寺の屋根につけられていた、鳥の翼の形をした飾り物。

やがて東西一八〇メートルに近い長い＊回廊《かいろう》跡が発見され―
回廊跡
大極殿跡
＊大極殿《だいごくでん》の跡も発見されて難波宮がここにあったことが確実になった！
やったね山根さん！発掘調査の成果がどんどん出てきた!!
スゴイ！スゴイ!!

＊回廊：長く折れ曲がった廊下。　＊大極殿：宮殿の中心的な建物のひとつ。

でも ここは 大阪の中心部 土地の使い道は いくらでも あるわけ! いつまでも 遺跡すべてを 置いておけない という問題が 起こってきた!
えっ せっかく 発掘した 遺跡なのに また埋めて ビルでも 建ててしまう わけ?
大丈夫だった 難波宮跡は 昭和三十九年 (一九六四) 国から 「*史跡《しせき》」に指定 されたんだ!
さらに 昭和四十六年から 大阪市によって 難波宮跡の 環境整備《かんきょうせいび》が 行われる ことになる!
昭和五十一年 (一九七六)には 国指定の史跡の 範囲も広げられて この 難波宮史跡公園に なったんだよ!
そして 今も 難波宮の 発掘調査が 行われている んだからスゴイ! こんな所 ほかに例がないよ!

*史跡：遺跡として歴史的な価値が高いものを指定し、法律によって保存を義務づけたもの。

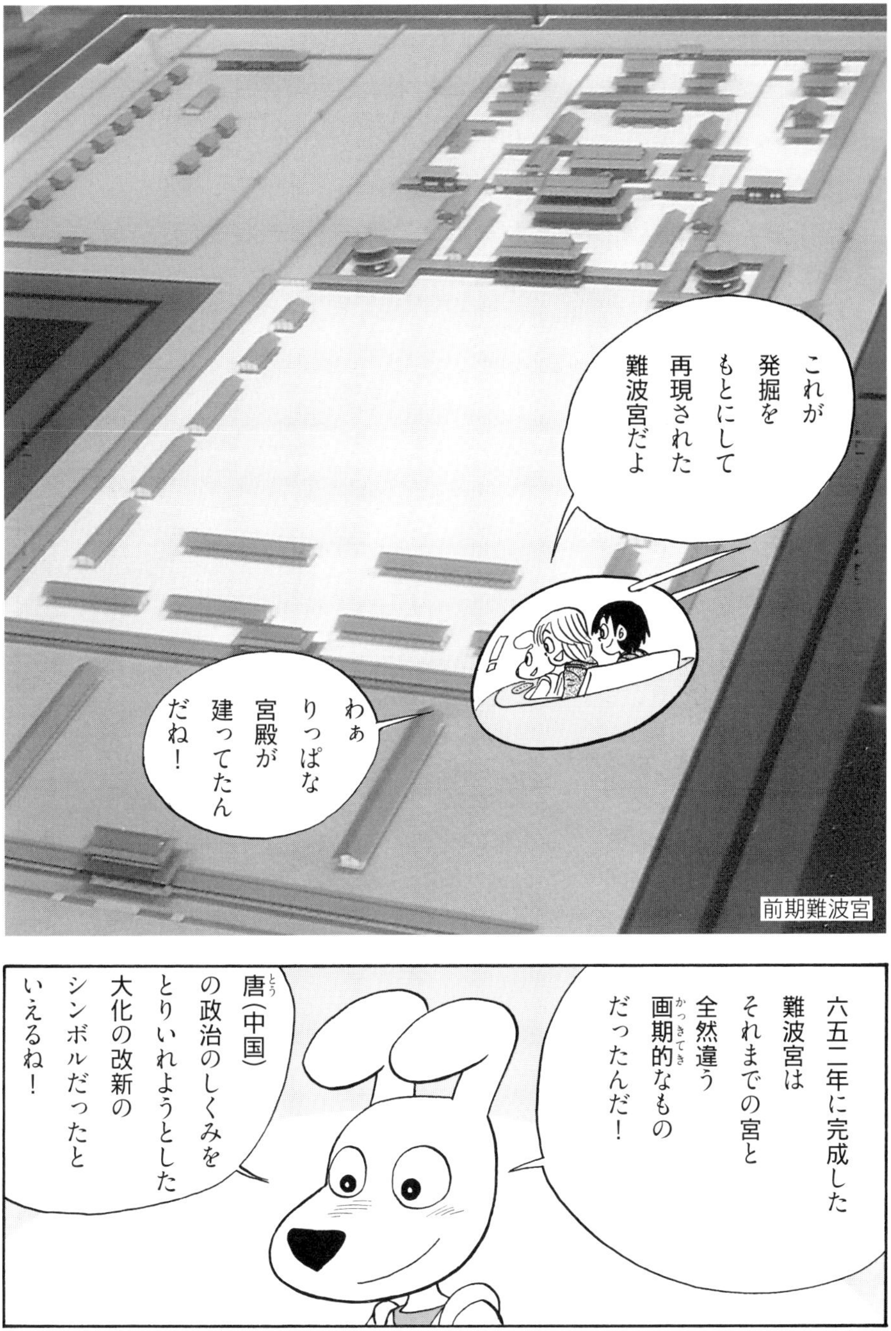

これが発掘をもとにして再現された難波宮だよ
わぁりっぱな宮殿が建ってたんだね！
前期難波宮
六五二年に完成した難波宮はそれまでの宮と全然違う画期的《かっきてき》なものだったんだ！
唐《とう》（中国）の政治のしくみをとりいれようとした大化の改新のシンボルだったといえるね！

でもね六五四年に都は再び飛鳥《あすか》に戻されてしまった
えっ⁉
二年しかたっていないのに？
六八三年天武《てんむ》天皇は飛鳥と難波の両方を都にしようと決めたんだけど
間もなく難波宮は火事によってほとんど全焼してしまう—
そんな⁉難波宮はなくなったの⁉
いや最低限は維持されていて代々の天皇が難波宮に*行幸《ぎょうこう》を行っていた記録も残っているんだ

*行幸：天皇が宮から出かけることをいう。

奈良に「平城京《へいじょうきょう》」が生まれてまもなく天平四年(七三二)難波宮は復興《ふっこう》されているんだよ
！
よかった！
後期難波宮
火災にあったのを「前期難波宮」復興されたのを「後期難波宮」といっている
いいぞ！難波宮は不滅だ！
ところが延暦《えんりゃく》三年(七八四)に都を平城京から＊長岡京《ながおかきょう》へ移すとき
難波宮の建物の多くが解体され長岡に運ばれたため地上から消えてしまうんだよ

＊長岡京：京都府長岡京市・向日市付近にあった。

難波宮遺跡配置図

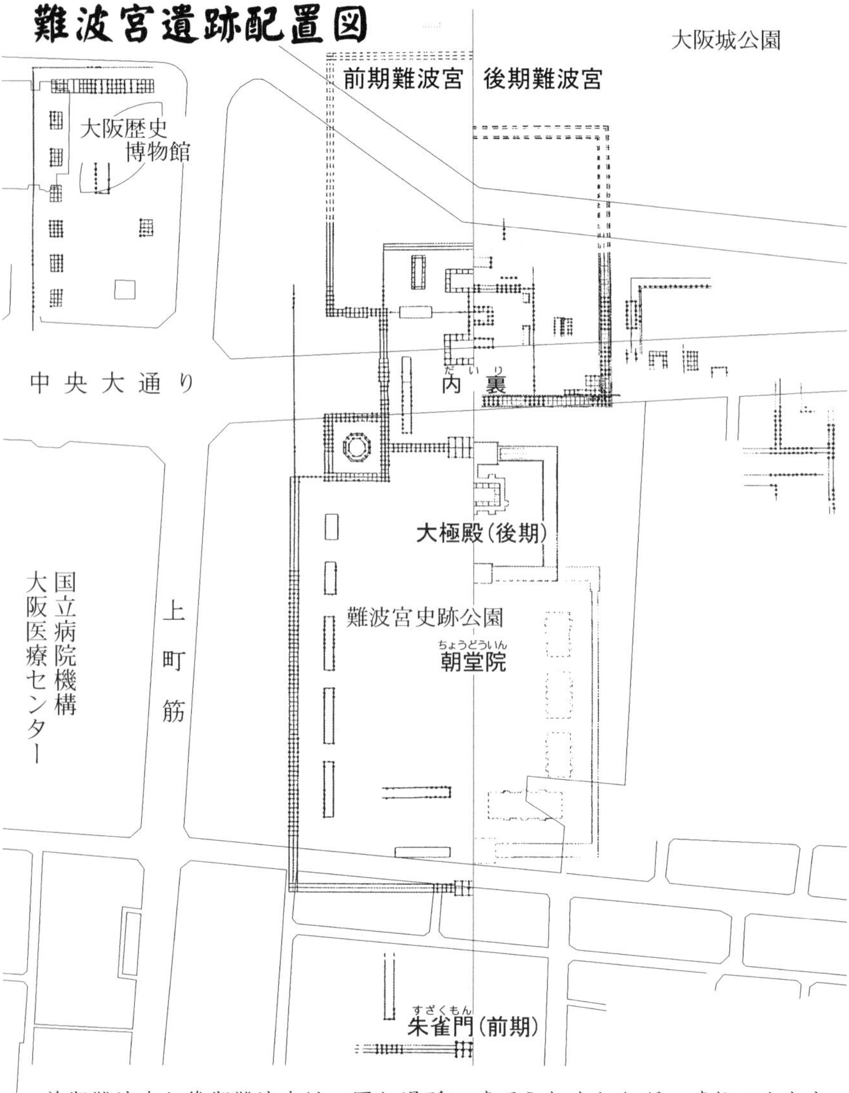
大阪城公園
前期難波宮
後期難波宮
大阪歴史博物館
中央大通り
内裏《だいり》
大極殿(後期)
国立病院機構大阪医療センター
上町筋
難波宮史跡公園
朝堂院《ちょうどういん》
朱雀門《すざくもん》(前期)

前期難波宮と後期難波宮は、同じ場所に建てられましたが、建物の大きさや配置などはちがっていました。この図では左半分に前期難波宮、右半分に後期難波宮の図を、それぞれ現在のどのあたりにあったかが、わかるようにのせてあります。

政治の中心である朝堂院のあったあたりが、現在では難波宮史跡公園になっており、後期難波宮大極殿の位置などがわかるようにしてあります。大阪歴史博物館のあたりには、倉庫群がおかれていました。平成５年(1993)には、前期難波宮の南の入口にあたる朱雀門が発見されました。

難波宮がなくなって大阪はいっぺんにさみしくなってしまったんだろうなあー
そんなことはないよ！難波宮の前も後も大阪は水陸両方の交通の中心として栄えているよ！
えっどういうこと!?
難波宮のできる前にタイムスリップするからようくみてごらん
ザザ
ザザ
あ 海だわ！
ここは弥生時代のあとの古墳《こふん》時代の大阪！

古墳時代って?
大きな勢力をもっていた豪族《ごうぞく》の墓があちこちに造られた時代さ
堺市《さかいし》にある大仙古墳《だいせんこふん》を知ってるかい?
仁徳《にんとく》天皇の御陵《ごりょう》(お墓)だとされているよね
*『日本書紀《にほんしょき》』には仁徳天皇は「難波高津宮《なにわたかつのみや》」に住んだと書かれている

*『日本書紀』:舎人親王《とねりしんのう》らが編集し七二〇年に完成した歴史書。

これが本当なら古墳時代にも難波に天皇の宮があったことになる
でも遺跡などで確かめられてはいないので高津宮はなかったという人もいる
ねー上町台地にも古墳はあったの？
あったよ！
でも今残ってるのは住吉区の＊帝塚山《てづかやま》古墳などくらいかな
船だ！

＊帝塚山古墳：住吉区帝塚山西二丁目にある。

古代には朝鮮半島や中国の文化が船で海を渡ってやってきたんだよ
当時大阪は四ツ橋筋《よつばしすじ》のあたりまで海で—
「難波津《なにわづ》」と呼ばれる港が近畿地方の海の玄関口になっていたんだ
!!
(現在の大川)
難波津推定地
古代の海岸線
難波津推定地
(現在の道頓堀)
船着場はいくつかあったらしいけど今のアメリカ村か高麗橋《こうらいばし》のあたりが中心だったのではないかといわれている
*遠江国《とおとうみのくに》で切られた大木で仁徳天皇が大船をつくらせ難波津で使用したことも伝えられているんだよ

*遠江国：現在の静岡県の西部。

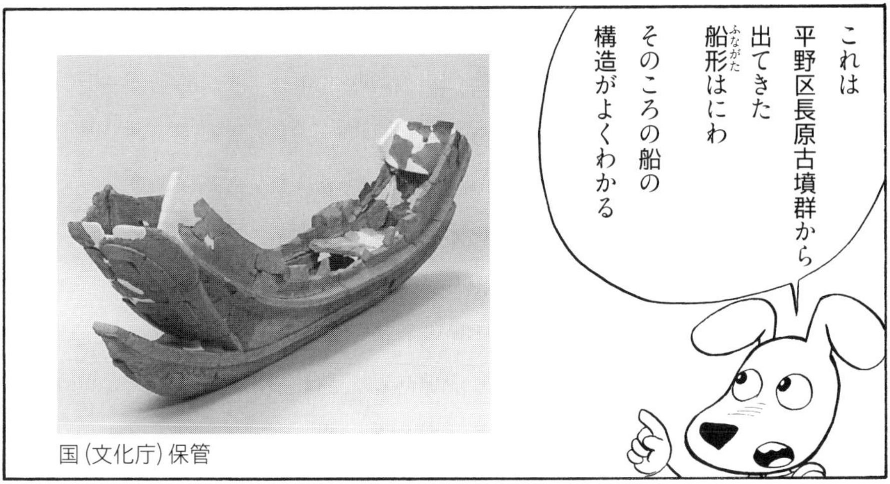
これは平野区長原古墳群から出てきた船形《ふながた》はにわ
そのころの船の構造がよくわかる
国（文化庁）保管

このはにわをモデルに平成元年（一九八九）復元船「なみはや」がつくられ韓国の釜山《ぷさん》まで航海をしたよ

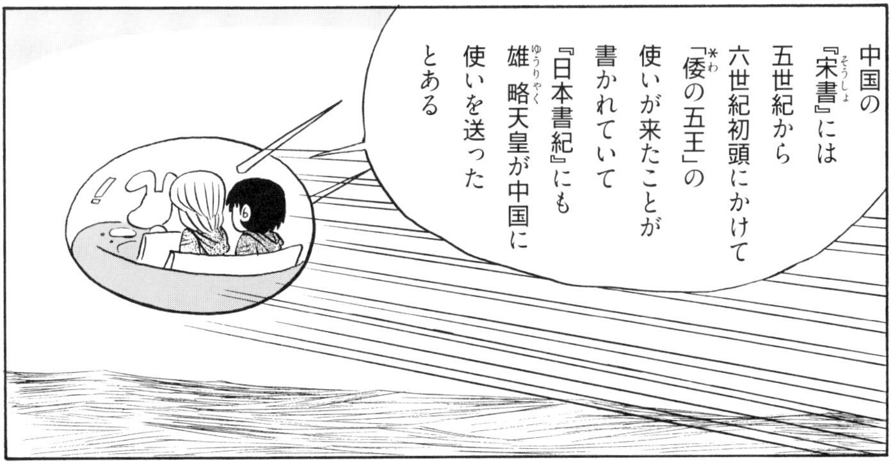
中国の『宋書《そうしょ》』には五世紀から六世紀初頭にかけて「＊倭《わ》の五王」の使いが来たことが書かれていて『日本書紀』にも雄略《ゆうりゃく》天皇が中国に使いを送ったとある

＊倭：当時中国では日本のことをこう呼んでいた。

ごらん そのころ 法円坂《ほうえんざか》の あたりにあった ＊高床倉庫群《たかゆかそうこぐん》だ
中国・朝鮮や 日本各地から 集められた さまざまな物が 保管されていたん だろうね
難波津が にぎやかな港 だったことが わかったかな？
うん！ わかった！ スゴイね！
ほら あれをみて ごらん
六世紀なかごろ 朝鮮半島の ＊百済《くだら》の王から 託された 仏像を難波津に 運んできた船だ 日本に初めて 仏教が 伝えられたんだ

＊高床倉庫：湿気などを防ぐため床を地面から離した倉庫。＊百済：四世紀から七世紀にかけて、朝鮮半島にあった国。

五八七年―
ピシュン
ピシュン
ピシュン
もともと対立していた大豪族《ごうぞく》物部《もののべ》氏と蘇我《そが》氏はその仏教を信仰するかどうかで争いとうとう合戦《かっせん》になってしまう―
ワー
ワー
ワー
*四天王《してんのう》よこの戦《いくさ》勝たせたまえ！
勝たせてくだされば あなた方のために りっぱな寺をつくりましょう！
蘇我氏方の軍勢の中に少年皇子厩戸《うまやど》(聖徳太子《しょうとくたいし》)の姿もあった

＊四天王：持国天・増長天・広目天・多聞天のこと。もともとインドの神様で、仏教の守護者とされている。

合戦は蘇我氏の勝利となり
エイエイオー
オオー
皇子は誓いを守って難波に寺を建立した
それが四天王寺《してんのうじ》だ金堂《こんどう》・五重塔《ごじゅうのとう》などをもつ日本最初の壮大な仏教伽藍《ぶっきょうがらん》だったんだよ
現在の四天王寺

あら あれは 何かしら
雅楽《ががく》だよ
聖徳太子のころから中国・朝鮮の舞や音楽も入ってくるようになった
奈良時代から平安《へいあん》時代にかけ雅楽という形で完成される
太子ゆかりの四天王寺でも雅楽を行っていたんだね

六〇七年 聖徳太子は 中国の隋《ずい》*に 小野妹子《おののいもこ》を 「遣隋使《けんずいし》」 として 派遣《はけん》
そして 六〇八年 妹子は 隋からの使者を つれて難波津に 帰ってきた
飾船《かざりぶね》三〇艘《そう》が 繰り出され 盛大な歓迎が なされた
ほら 難波津が 国際港として 強く輝いて いるだろう
ほんとだ！ すごいぞ!!
！
！
ワー
ワー
ワー
ワー
ワー
ワー
ワー

*隋：五八一～六一八年に中国にあった国。隋に送られた使者を遣隋使という。

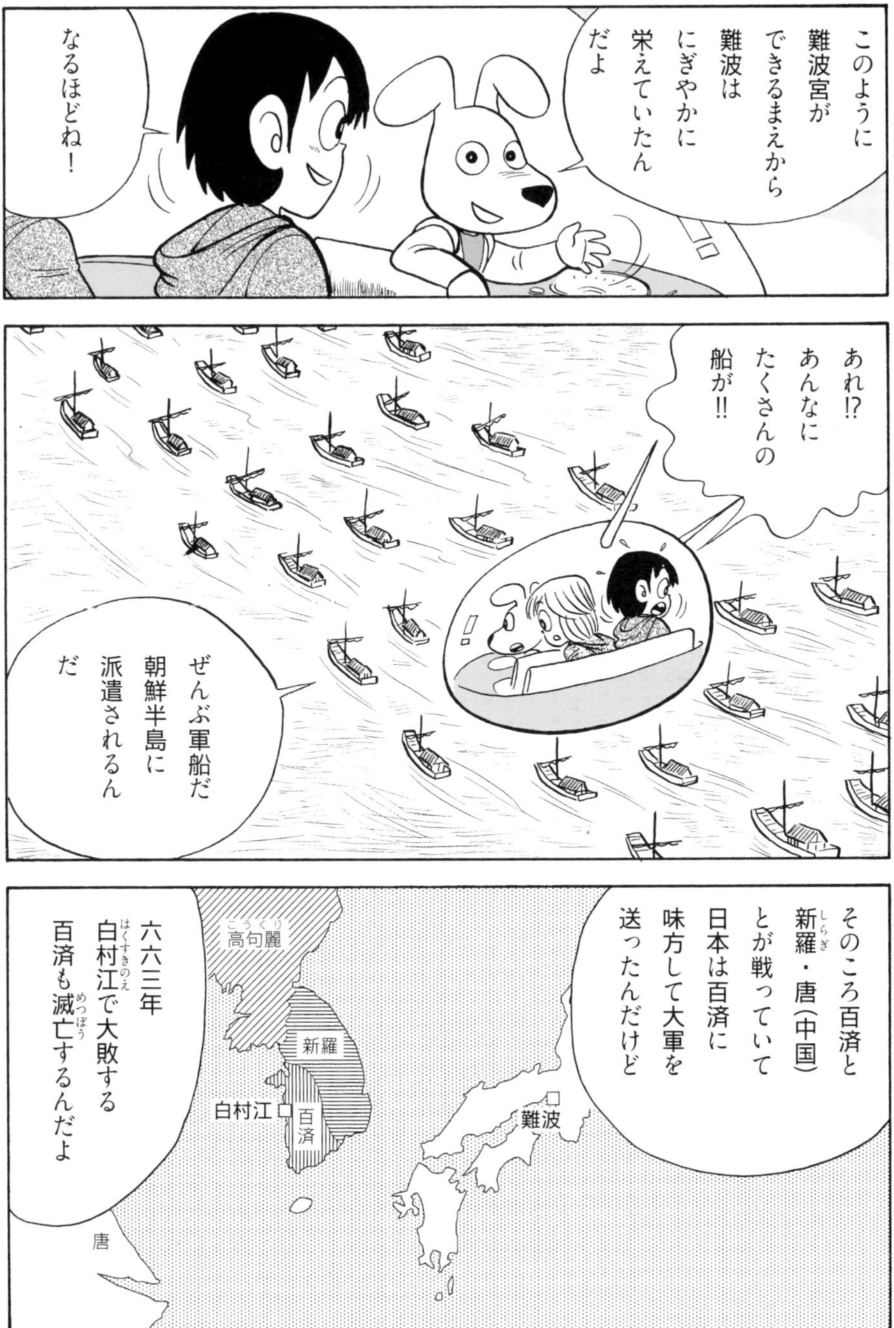
このように難波宮ができるまえから難波はにぎやかに栄えていたんだよ
なるほどね！
あれ⁉あんなにたくさんの船が‼
ぜんぶ軍船だ朝鮮半島に派遣されるんだ
そのころ百済と新羅《しらぎ》・唐（中国）とが戦っていて日本は百済に味方して大軍を送ったんだけど
六六三年白村江《はくすきのえ》で大敗する百済も滅亡《めつぼう》するんだよ
高句麗《こうくり》
新羅
白村江
百済
難波
唐

その結果 百済からたくさんの人々が日本へ渡ってきた
難波に住みつく人たちもいたんだよ
六六四年には百済の王族である百済王氏も難波に住むようになった
今の生野区《いくのく》とか天王寺区《てんのうじく》付近といわれている
平成九年（一九九七）天王寺区の*細工谷《さいくだに》遺跡から「百尼寺」「百済尼《くだらあま》」などと書かれた奈良時代の土器が出土している
難波宮より古い時代の遺跡からも*「韓式系土器《かんしきけいどき》」がみつかっている もともと難波周辺には朝鮮半島から渡来した人々が多く住んでいたようだね

＊細工谷遺跡：天王寺区細工谷一丁目にある。
＊韓式系土器：朝鮮半島の様式でつくられた土器。

うわあー
もう
だめだ!!
ドドド
ザバ
わっ
すごい波だわ!!
さっきの船が
いないよ!
沈んじゃったの!?
ドドド
奈良時代の
遣唐使船《けんとうしせん》だ
かわいそうに
……

日本は一時唐と敵対したけどすぐまた交流が盛んになった
奈良時代にも難波津から遣唐使船が出ていたんだ
「遣唐大使」は都で天皇から＊節刀《せっとう》を授けられ難波津で船に乗り出発する
ザ
ザ
遣唐使船は普通は四隻で一隻には百数十人が乗ってたんだ

＊節刀：特命の大使であることを示す刀。

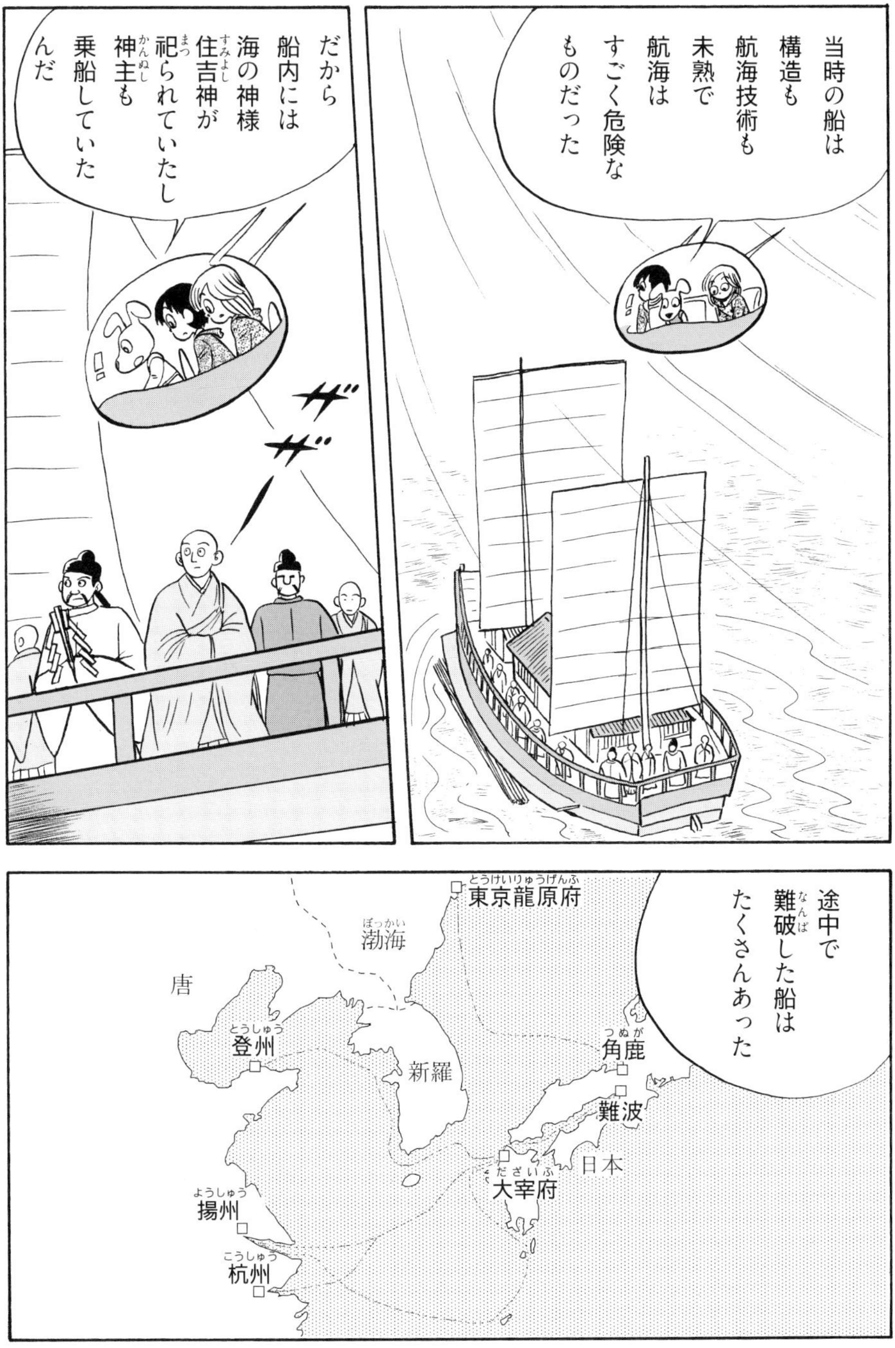
当時の船は構造も航海技術も未熟で航海はすごく危険なものだった
だから船内には海の神様住吉《すみよし》神が祀《まつ》られていたし神主《かんぬし》も乗船していたんだ
ザザー
途中で難破《なんぱ》した船はたくさんあった
東京龍原府《とうけいりゅうげんふ》
渤海《ぼっかい》
唐
登州《とうしゅう》
新羅
角鹿《つぬが》
難波
日本
大宰府《だざいふ》
揚州《ようしゅう》
杭州《こうしゅう》

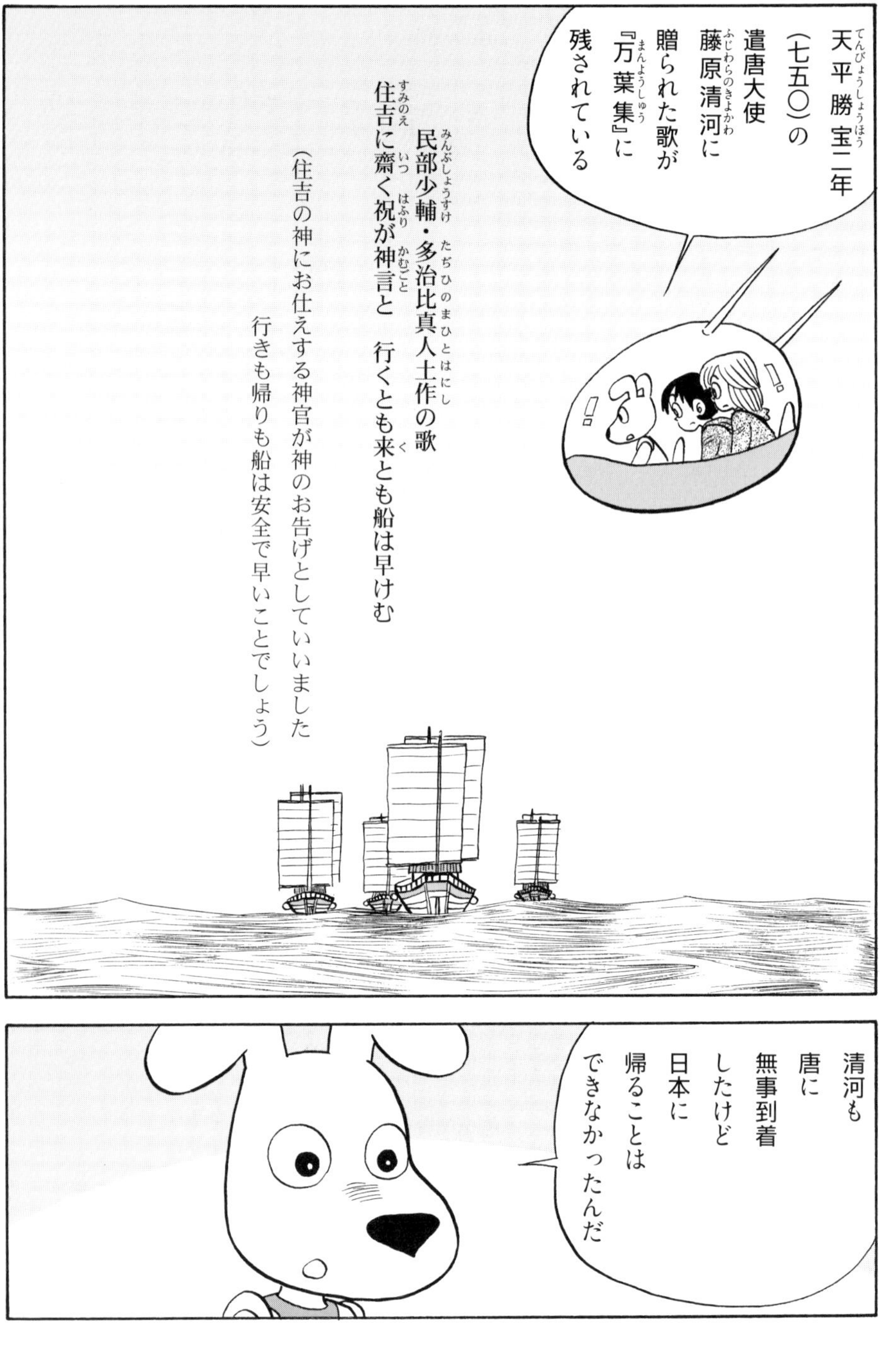
天平勝宝《てんぴょうしょうほう》二年（七五〇）の遣唐大使藤原清河《ふじわらのきよかわ》に贈られた歌が『万葉集《まんようしゅう》』に残されている
民部少輔《みんぶしょうすけ》・多治比真人土作《たぢひのまひとはにし》の歌
住吉《すみのえ》に斎《いつ》く祝《はふり》が神言《かむごと》と　行くとも来《く》とも船は早けむ
（住吉の神にお仕えする神官が神のお告げとしていいました　行きも帰りも船は安全で早いことでしょう）
清河も唐に無事到着したけど日本に帰ることはできなかったんだ

難波津を舞台とした国際交流といえば
偉いお坊さんが日本に来ているね

有名なのは唐の高僧鑑真《がんじん》だ天平勝宝六年（七五四）数度にわたる渡海失敗で失明までして来日した
最初に上陸した＊薩摩国《さつまのくに》から平城京へ向かう途中難波津で二人の僧の出迎えを受けている
鑑真

＊薩摩国：現在の鹿児島県の西部。

難波津に出入りしたのは海外と行き来する船だけではなかった
九州など西日本各地の船も多く集まっていたんだよ
都の有力者や大寺院は物資《ぶっし》の調達や商業活動のため難波に拠点《きょてん》をつくっていた
東大寺《とうだいじ》が堀江《ほりえ》(大川《おおかわ》)に拠点を持っていたことが古文書に記されている
行基《ぎょうき》様が来られたぞ!

行基様って？
日本の高僧だよ
このへんは沼地ばかりで田畑が少ないな
ここに溝を掘れば排水ができて開発が進みますぞ
行基様のおっしゃることならまちがいない！
うん！みんなでやろう！
行基はお坊さんの役目は民衆を助けることだと考えていたんだ

だから中国・朝鮮から入ってきた高度な土木技術を広めてまわった
行基
飛鳥時代から奈良時代にかけて農民の暮らしも少しずつ豊かになっていった
!
山之内遺跡では住居がそれまでの竪穴《たてあな》住居から掘立柱《ほったてばしら》建物に変化していったようすがわかっている

3 中世のはじまり

動乱の時代

時代は平安時代に入ってるよ！
ここは四天王寺
天皇の母上東門院彰子《じょうとうもんいんしょうし》が摂政藤原頼通《せっしょうふじわらのよりみち》などと参詣《さんけい》に来た長元《ちょうげん》四年（一〇三一）のこと—
わーきれいな夕陽!!
平安時代には阿弥陀如来《あみだにょらい》の住む*西方浄土《さいほうじょうど》(極楽《ごくらく》)への生まれ変わりを願う浄土教《じょうどきょう》が広まった

*西方浄土：阿弥陀如来の住む世界で、西のかなたにあるとされる。

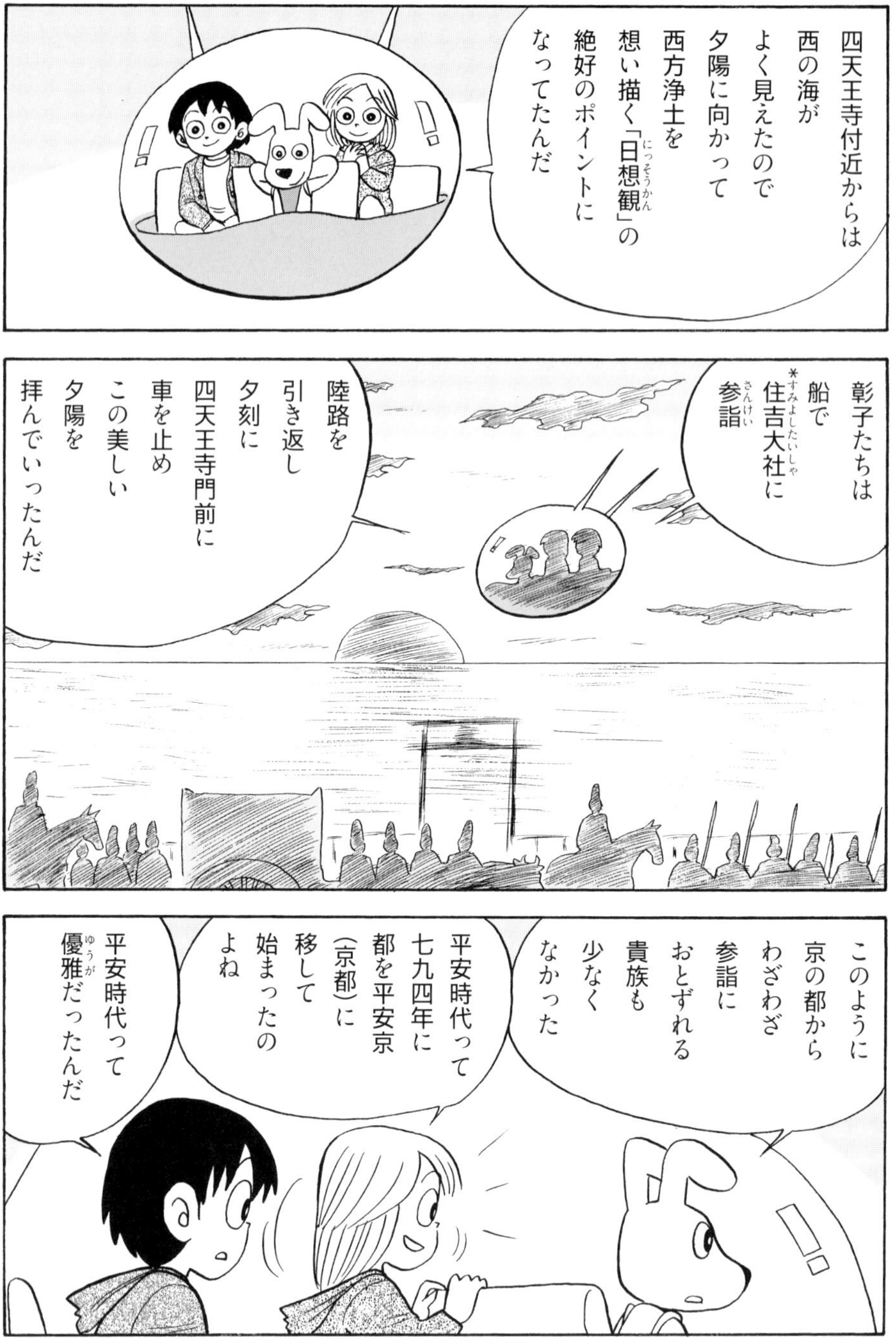
四天王寺付近からは西の海がよく見えたので夕陽に向かって西方浄土を想い描く「日想観《にっそうかん》」の絶好のポイントになってたんだ
彰子たちは船で＊住吉大社《すみよしたいしゃ》に参詣《さんけい》
陸路を引き返し夕刻に四天王寺門前に車を止めこの美しい夕陽を拝んでいったんだ
このように京の都からわざわざ参詣におとずれる貴族も少なくなかった
平安時代って七九四年に都を平安京(京都)に移して始まったのよね
平安時代って優雅《ゆうが》だったんだ

＊住吉大社：住吉区住吉二丁目の神社。

とんでもない！
優雅なのは
貴族たちだけ
ワー
ワー
人々の
生活は苦しく
*野盗《やとう》たちが
暴れまわって
いたし
大小さまざまの
争いがあって
地方では
武士《ぶし》の力が
大きくなって
いたんだ
武士って
この時代から
始まったの？
そうだよ！
地方の
有力者が
自衛《じえい》のために
武装したのが
はじまり
といわれている

＊野盗：山賊や追いはぎなどの悪者。

カッカッ
ザッザッ
オッ 源義家《みなもとのよしいえ》だ!
源義家って?
カッカッ
このころいちばん有名な武士だね! ＊河内国《かわちのくに》南部をよりどころとしたので一族は河内源氏《かわちげんじ》と呼ばれている
河内源氏?
強そうだなあー!
強いよ! 応徳《おうとく》二年(一〇八五)東北の有力者・清原《きよはら》家の内輪《うちわ》もめのとき＊陸奥守《むつのかみ》だった義家は一方を支援して勝ったんだ!
けど朝廷《ちょうてい》からは何の恩賞《おんしょう》(ほうび)も出なかったので義家は家来の河内国や関東の武士たちに私財《しざい》を恩賞として与えた
カッカッ

＊河内国：現在の大阪府の東部。 ＊陸奥守：陸奥国(現在の青森県・岩手県・宮城県)の長官。

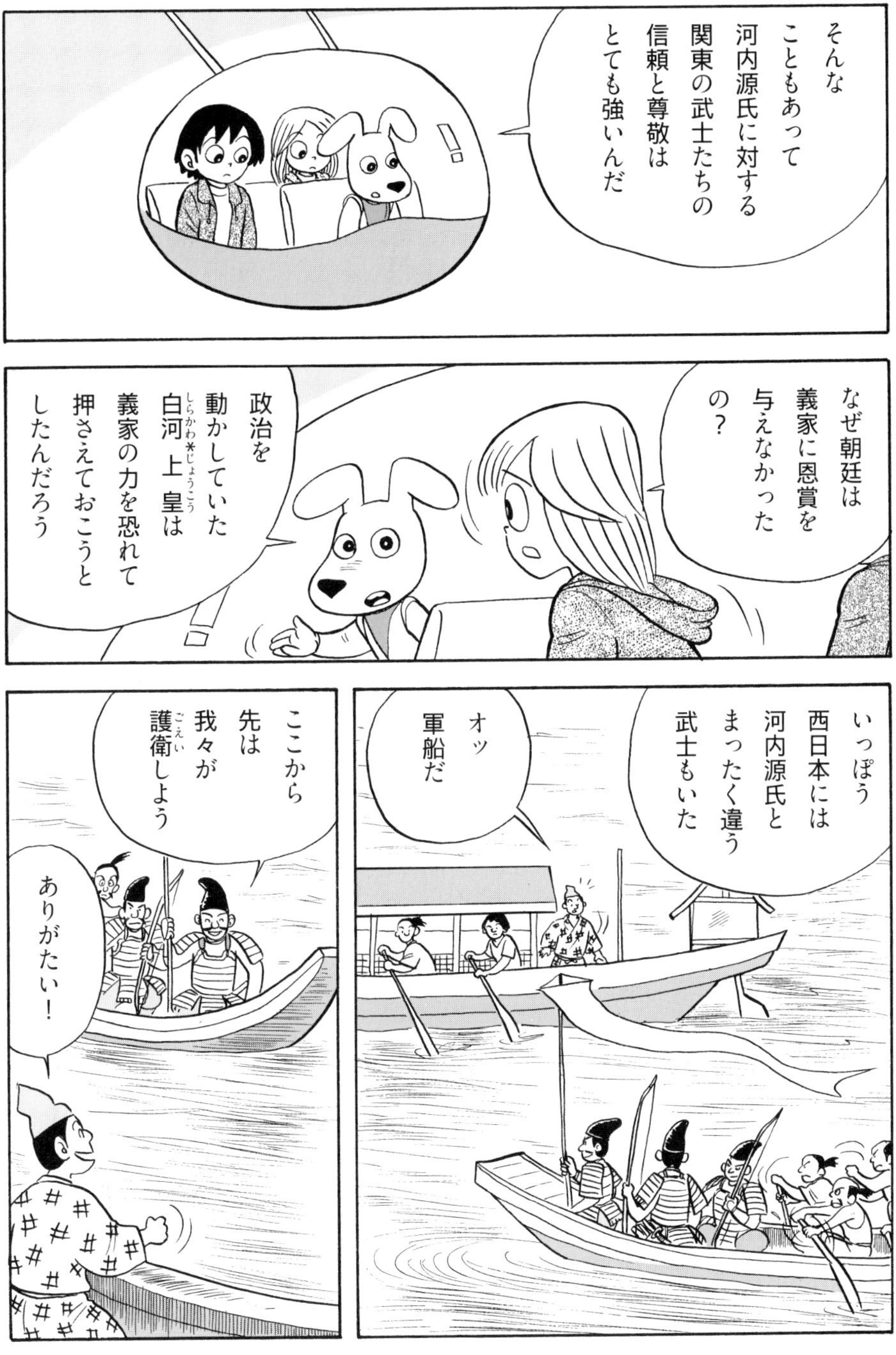
そんなこともあって河内源氏に対する関東の武士たちの信頼と尊敬はとても強いんだ
!
なぜ朝廷は義家に恩賞を与えなかったの？
政治を動かしていた白河《しらかわ》＊上皇《じょうこう》は義家の力を恐れて押さえておこうとしたんだろう
いっぽう西日本には河内源氏とまったく違う武士もいた
オッ軍船だ
ここから先は我々が護衛《ごえい》しよう
ありがたい！

＊上皇：太上天皇の略。位を譲った天皇のこと。

あとで通行料《つうこうりょう》を差し出すように
大阪平野はまだ河や沼がたくさんあって
漁業と水運業を兼ねる人たちの集落が点在してた
かつての難波津《なにわづ》のあたりに渡辺《わたなべ》と呼ばれる港があって渡辺氏・遠藤《えんどう》氏といった武士がそこを拠点に水の民たちを家来にしていった
それが「渡辺党《わたなべとう》」だ水上の武士団という性格が強い
西日本にはこのように商業や運送業にかかわる武士がいたといわれているんだ

大変です！源義親《みなもとのよしちか》が九州で反乱を!!
なに義家の子が!!
うーむ……
この人は？
白河上皇だよ
よし！平正盛《たいらのまさもり》に討伐《とうばつ》を命じる!!
一時は大きな力を持った源氏も一族内部の争いもあったりしてしだいに勢いがなくなっていったんだ
天仁《てんにん》元年（一一〇八）源義親は平正盛に討《う》たれる
このあと正盛たち平氏が主に西日本の水軍などを家来にして勢力をのばすんだ
ワー
ワー
ワー
ワー

ねぇ どんな争いも 武士の力なしで 解決できないって 感じがしてしまう
そのとおり！ 武士の力は どんどん 大きくなって いくんだ

やがて 保元《ほうげん》元年（一一五六） 皇室や貴族たちの 権力争いから 京都までも戦場になる
「保元の乱」だ この戦いによって 武士たちは 中央の政治でも 大きな力を持つ ことを示したんだ

三年後 保元の乱で 手柄《てがら》をたてた 平清盛《たいらのきよもり》と 源義朝《みなもとのよしとも》が戦い 清盛が勝つ
これを 平治《へいじ》の乱といい そのあとは 平氏が 政界でも頂点に 立っていく ことになる

平清盛

でもね
政権をにぎった平氏は
「平氏でなければ
人間ではない」
といったことまで
言いだし
人々の反感をかう
ようになるんだ
ワー ワー ワー
やがて
源氏
生き残りの
源《みなもとの》頼朝《よりとも》が
平氏打倒の
兵を挙げ勝利！
四国に逃れた
平氏を追うため
頼朝の弟義経《よしつね》が
渡辺津《わたなべのつ》に水軍を
あつめたとき
大阪のあの
渡辺党もいたんだ
！
戦争ばかりで
うんざりだわ！
四天王寺の
美しい夕陽を
また見てみたい

よし！ また 四天王寺を 見てみよう
！
！
わ!! この人たち みんな 四天王寺に お参りに 来たの？
そうだよ！ 貴族や 武士だけでは ないよ
！
あの人は 商人
こっちは 猟師さんだ
！
女の人も いる
戦乱が続いた ことや 世が「＊末法《まっぽう》」と 考えられたから 身分の上下を 問わず 阿弥陀如来《あみだにょらい》の 救いを求める 人々が増えた んだ
！
四天王寺 参詣も ますます 盛んに なったんだ

＊末法：釈迦の死後二〇〇〇年以上たつと、「末法」の時代が来て仏の教えは衰えると信じられていた。

源氏が平氏を倒し鎌倉《かまくら》時代に入っても続いた
＊極楽往生《ごくらくおうじょう》を願う人々のなかには四天王寺の近くに住み着いた人もいたんだ
!
!
!
!
有名なのは貴族で歌人の藤原家隆《ふじわらのいえたか》だ 彼の住居「夕陽庵《せきようあん》」の跡には「家隆塚《かりゅうづか》」があり
その一帯は今も「夕陽丘《ゆうひがおか》」と呼ばれてるよ
!
!

＊極楽往生：死後、極楽（西方浄土）に生まれ変わること。

鎌倉幕府《かまくらばくふ》の末期になると政治をほうりだし遊んでばかりの人が出てきた
当時の権力者《けんりょくしゃ》・北条高時《ほうじょうたかとき》もその一人だった
高時よ！
ボムッ
わわっ *田楽《でんがく》の一座の中に烏天狗《からすてんぐ》が！どういうことだ!!
*天王寺のヨウレボシを見よ！
なにっ 妖霊星《ようれいぼし》だと!? 不吉《ふきつ》な!!
四天王寺あたりで天下の動乱でも始まるというのか・・・

＊田楽：鎌倉時代に流行した芸能。

＊天王寺：四天王寺の別名。またはその周辺の地域を指すこともある。

これは？
＊『太平記《たいへいき》』に書かれているできごとだ
烏天狗の言ったことは現実となっていく――
幕府打倒をめざす後醍醐《ごだいご》天皇が兵を挙げいったんは失敗したけど
天皇に味方する河内国の武士楠木正成《くすのきまさしげ》が巻き返しをはかってきたんだ
一三三三年幕府は四天王寺を拠点に正成を討とうとしたが失敗
ワー
ワー
ワー

＊『太平記』：一三七一年頃できた南北朝内乱についての軍記物語。

＊千早城：千早赤坂村にある山城。

このころ正成は四天王寺で聖徳太子が記したという『未来記《みらいき》』という書物をみて勝利を確信したといわれている
!
!
幕府は関東から大軍を派遣したけど＊千早城《ちはやじょう》に立てこもって戦う正成に苦戦させられる
そのうちに足利高氏《あしかがたかうじ》(尊氏)新田義貞《にったよしさだ》ら有力な武士が後醍醐天皇に味方！幕府はいっきに崩れてしまう
後醍醐天皇が鎌倉幕府に勝ったのね
うん！だけどすぐ後醍醐天皇と足利氏の戦いが始まるんだ
ええーっまた戦いなの!?

足利尊氏は 光明《こうみょう》天皇(北朝《ほくちょう》)を たてて 室町幕府《むろまちばくふ》を開き *吉野《よしの》にいる 後醍醐天皇(南朝《なんちょう》)と どちらが 正統かをめぐる 内乱となる
これを 南北朝《なんぼくちょう》時代 という
ワー
ワー
ワー
ワー
そのなかで *摂河泉《せっかせん》は 何度も 戦場になった
一三三八年には南朝の 北畠顕家《きたばたけあきいえ》が 率いた 陸奥国の大軍が 阿倍野《あべの》・石津《いしづ》などで 幕府軍と 決戦し破れたし
一三四七年には 正成の子の 楠木正行《くすのきまさつら》が 天王寺・渡辺で 勝ったが―
幕府の大軍に おそわれて 四条畷《しじょうなわて》で 戦死している

＊吉野：奈良県吉野郡。 ＊摂河泉：摂津国・河内国・和泉国の三国のこと。今の大阪府と、兵庫県の一部にあたる。

一般に知られる南北朝の戦いはこのあたりまで
その後幕府に大きな内紛《ないふん》が起きたこともあって南北朝時代は長く続いていくことになるんだ
南朝というと吉野の印象が強いけど一三六〇年には天皇の＊行宮《あんぐう》を住吉《すみよし》に進めている
えっ住吉!?
以後一〇年ほど南朝の天皇は住吉にいることも多かったらしい
鎌倉幕府滅亡《めつぼう》から四〇年が過ぎても戦いはまだ終わることはなかった―
ドドド

＊行宮：天皇の行幸先の仮の御所のこと。「住吉行宮跡」は住吉区墨江二丁目にある。

ああ〜っ わしらの 畑が!!
ワー ワー ワー ワー
めちゃくちゃじゃ!
なんで わしらの 家にまで 火を!!
くり 返される 戦いで 多くの 農民が ひどい目に あって いた―
みなの衆 わしらの手で 村を守ろう ではないか!
そうだ! そうだ!!

みんなで 力を 合わせよう!

そうした 中から 農民たちは たくましく 力をつけて いったんだよ

4 「大坂」の誕生

商工業の発展と座

中世《ちゅうせい》には商工業が全国的に発展したといわれている
そのころ商工業者の立場は弱くて
武士などに荷物を強奪《ごうだつ》されることも少なくなかった
そこで彼らは団結して同業組合《どうぎょうくみあい》をつくり
貴族や有力寺社に商品を献上《けんじょう》するかわりに営業を保護してもらおうとした

それが「座《ざ》」なんだ
「座」？
たとえば摂津《せっつ》国＊深江《ふかえ》は古代以来の＊菅笠《すげがさ》の産地で中世には「笠座《かさざ》」がつくられている
これから毎年笠を納めますかわりに……
何じゃ？
通行税の免除《めんじょ》と堺・天王寺・奈良・京都での独占販売を認めてください
よかろう
こうやって商工業者は戦乱の時代を生き抜いていった
！
！
でも座が力を持ちすぎると問題も出てくる

＊深江：東成区深江南にあたる。＊菅笠：スゲ（カヤツリグサ科）の葉で編まれた笠。深江で現在でもつくられている。

たとえば灯油などに使われる荏胡麻《えごま》油《あぶら》は*大山崎《おおやまざき》の「油座《あぶらざ》」が独占権を認められていた
オイ 天王寺・*木村《このむら》・住吉《すみよし》の者たちが油を売っているそうだ
けしからん!!
油を売ってよいのはわれわれ油座だけだ
幕府に訴えてやめさせよう!
座は営業を独占することで商工業の自由な発展をさまたげてしまうこともあったんだ
……

*大山崎：京都府乙訓《おとくに》郡大山崎町。 *木村：生野区桃谷二丁目。

寺内町の繁栄

応仁《おうにん》元年（一四六七）応仁の乱が始まる
応仁の乱って？
ワー
ワー
ワー
将軍の跡継ぎ争いがもとになり戦いが一一年間も続くんだ
そんなに!?
ひどいね！
戦場になった京都は焼け野原になってしまった
それだけじゃない地方の武士たちが将軍の命令をきかなくなり勝手に領土を奪いあうという「戦国時代《せんごくじだい》」へと入っていくんだ

そんな時代ある村の有力者の家でうわさ話がでたんだ
隣村《となり》の者が南無阿弥陀仏《なむあみだぶつ》の掛け軸を持っていたぞ
*親鸞《しんらん》様の子孫の本願寺蓮如《ほんがんじれんにょ》様が書かれたありがたいもので百姓たちが拝みに出入りしてるらしい
おれたちも欲しい！
うん
なんとかつてを頼って蓮如様にお願いしてみよう
あなたの名前を掛け軸の裏に書いておこう

＊親鸞：浄土真宗を開いた人。

ありがとうございます！
この人が蓮如さんだよ
！
ではこれを
これはほんのお礼ですおおさめください
うーん礼金か
ずいぶん貯《た》まってしまったな
このお金を阿弥陀様のために有効に使う方法はないものか
そうだ！摂河泉《せっかせん》の要地《ようち》に寺をつくるとしよう！
どこにしようか…

そうだ！
堺へ
行くとき
いつも横を
通る
台地の先端！
あそこがいい！
あそこに
寺をつくろう！
そこが
「大坂《おおさか》」＊と
呼ばれている
土地だったんだよ
明応《めいおう》五年（一四九六）
蓮如は
大名《だいみょう》にかけあって
その土地を
寄付してもらった
そして
でこぼこを
ならして
!
!
堀でまわりを
囲んで
中に寺を
つくったんだ
まだまだ
広い土地が
あいて
いるでは
ありま
せんか！
!

＊大坂：江戸時代ごろまでは土へんの「坂」の字を使うのが一般的で、明治になってから「大阪」という書き方が広まった。

どうされるおつもりなのですか？
お寺に寄付された土地はすなわち仏様のもの
武士の支配も座の特権もおよばないし重い営業税をかけられることもない
誰でも自由に住んで商売をしたらどうかな！
ええーっ!? そんなありがたいこと!!
夢のようだ！
うわさを聞きつけた商工業者や重い年貢《ねんぐ》に耐えかねて村を捨てた百姓たちが集まり
たちまち町がにぎわうようになったんだ

木村《このむら》の商人
木村屋《このむらや》と
申します
これまで「座」から
商売の邪魔《じゃま》を
されてきました
この大坂で
よろしく
お願いします
どうぞ
どうぞ
わが
真宗《しんしゅう》の
教えが
少しでも
広まる
きっかけに
なれば
こうして
できて
いったのが
「おおさか」と
呼ばれた
最初の町
だったんだ!
お寺の
堀の中に
あるから
「寺内町《じないまち》」
と
いってるよ

その後も近くで合戦がいろいろあったけど
大坂寺内町の堀の中まで戦火が入りこむことはなかった
オッ おまえは敵方の！
おおっ さっきまで戦っていた相手ではないか！
しかし ここは仏様の土地
そうとも！ 敵味方など関係ござらん
寺内町の中は安全で平和だったのね！
では
では

あれ？こんなところにも堀が
ここも寺内町？
違うよ農民たちが村を守るためにつくった堀なんだ
室町時代は商工業者だけでなく農民も力をつけた
村ごとに「惣《そう》」という組織をつくり自衛したり年貢の納入《のうにゅう》について領主《りょうしゅ》と交渉《こうしょう》したりしている
武士のいいなりになってたまるか！

村々が一揆《いっき》を起こし武士たちに対抗するようにもなったんだよ
ワー
ワー
ワー
ワー

堀で囲まれた村は今の平野区《ひらのく》や東住吉区《ひがしすみよしく》に特にたくさんあった
「環濠集落《かんごうしゅうらく》」といってねだいたいこんなふうな姿になるよ

天文《てんぶん》元年
（一五三二）
幕府の実力者
細川晴元《ほそかわはるもと》が
本願寺に
援軍《えんぐん》を依頼し
蓮如の曾孫《ひまご》の
証如《しょうにょ》は
それに
応じた
宗派《しゅうは》の
ために
戦え!!
命令を
伝えられた
農民たちは
村ごとに
集まり
やがて
合流し
南無阿弥陀佛
大軍に
なっていった！
これが
「一向一揆《＊いっこういっき》」だ
すごい
人数！
ワー
！

＊一向一揆：当時、浄土真宗のことを「一向宗」とも呼んでいたので、一向宗の人々の一揆を一向一揆といった。

これより先 ＊加賀国《かがのくに》では 一向一揆が 大名を追い出し 「百姓の持ちたる国」 を実現していた
え!? 農民が 大名に 勝って 国を治めた の？
農民の 力は 大きく 強かった んだ!!
細川晴元が 敵対していた 三好元長《みよしもとなが》も 圧倒的多数《あっとうてきたすう》の 一揆にたちまち 討たれてしまった
農民たちは 命令にただ 従っていただけ ではなかった！
彼らは これを機会に 摂河泉にも 百姓の国を つくろうと 考えていたんだ
本願寺にも それを 支援する 者がいた

＊加賀国：現在の石川県の南部。

だから元長が死んでも一揆はおさまらず武士たちと戦い続けた―
ワー
ワー
けれど四年にわたる戦いのあと一揆側不利の中和平が成立
*山城国《やましろのくに》山科《やましな》にあった本願寺も焼かれてしまった
!
以後は大坂に本願寺が置かれた
!
ところで福島区《ふくしまく》野田《のだ》の円満寺《えんまんじ》に一枚の文書がある
本願寺証如が二一人の農民の戦死を悼《いた》んで野田村の「惣」に送った手紙なんだ
?
!

*山城国：現在の京都府南部。

あるとき証如が福島付近の様子を見に出たところ
不意に敵に襲われた
証如を守って討死《うちじに》したのが二一人の者であったという
円満寺の近くに「二十一人討死跡」の碑もあるんだよ
一揆が敗れた後本願寺や民衆たちは経済力をつけ平和な方法で成長していく方針に転じた
摂河泉の各地に大小さまざまの寺内町をつくっていった

一揆をおさえておけるならと武士たちもそれを認めたんだよ
商業ネットワークのようなものが形成されていった
大阪府の富田林市《とんだばやしし》や貝塚市《かいづかし》などはこのときの寺内町がルーツなんだ
武士たちは戦い続けていたが
大坂の本願寺は中立を守っていくんだ

堺と南蛮人

天文十九年（一五五〇）
十二月
堺――
ザビエルという＊南蛮人《なんばんじん》が上陸するんだ
！
！
はじめて南蛮人の姿を見た人々は驚き恐れた
はじめまして知人から連絡をいただいております
私 日比屋了珪《ひびやりょうけい》と申します

＊南蛮人：スペイン人・ポルトガル人のこと。ザビエルはスペイン出身。そのころ、「南蛮」と呼ばれていた東南アジアを経由して日本に来たため、そのように呼ばれた。

堺の町を支配している殿様《とのさま》は？
この町は有力な商人が話し合って治めています
ごらんください町の周囲には堀が！
この中には外部の戦乱は及ばないのです
外では敵味方である者も中では平和に暮らしています
オー スバラシイ！ヨーロッパのベネチアのような町だ
数年後堺に教会ができ南蛮人や彼らのもたらした文物《ぶんぶつ》がみられるようになっていくー
鉄砲《てっぽう》の生産も盛んに行われるようになるんだ
！
！

こうした堺や大坂の商工業に目をつけた武士がいた
えっ それは誰なの？
織田信長《おだのぶなが》だよ！
永禄《えいろく》十一年（一五六八）信長は京都に上って足利義昭《あしかがよしあき》を将軍《しょうぐん》に擁立《ようりつ》し摂河泉も勢力圏《せいりょくけん》におさめる
といっても摂河泉の大名たちは同盟者でしかなく信長の権力は不安定だった
そこで堺と大坂の富に目をつけ多額の軍資金《ぐんしきん》をみつがせた

信長の政策はひどすぎる！
そうだそうだ
堺や大坂の独立を侵《おか》すものだ!!
決して許せるものではない!!
商人たちや本願寺は信長に強く反発した
しかし堺は武力におどされて服従《ふくじゅう》させられる
一方一揆の武力に自信を持つ本願寺は元亀《げんき》元年（一五七〇）反信長の兵を挙げた

戦いは約一〇年間続いたんだ
ワー
ワー
ワー
ワー
最初は周辺《しゅうへん》の大名が本願寺と連合していたんだけど
しだいに信長に滅ぼされていきー
水陸の交通も断たれ本願寺は孤立していったんだ
天正《てんしょう》八年（一五八〇）本願寺顕如《けんにょ》はとうとう大坂を明け渡しその直後寺も町もみんな焼けてしまう

!
信長は
大坂に
自分の居城《きょじょう》を
築くつもりだったと
いわれてるけど
真相は明らかでは
ないんだ
その後
＊甲斐国《かいのくに》
武田《たけだ》氏との対決
四国への
出兵準備と
忙しくしている
うちに
天正十年
（一五八二）
六月二日
京都の
本能寺《ほんのうじ》で
突然の最期《さいご》を
迎えることに
なる
!

＊甲斐国：現在の山梨県にあたる。

5 豊臣時代の大坂　大坂城とその城下町

天正十一年（一五八三）六月二日―
京都で信長の一周忌に出た帰り*羽柴《はしば》秀吉《ひでよし》ははじめて大坂に入る
秀吉は信長の孫三法師《さんぼうし》を後継者《こうけいしゃ》にしようとしていたが内心では違うことを考えていた
フフフ これからの天下はワシのものよ
信長様が安土城《あづちじょう》で権威《けんい》を示したようにワシにも天下の中心にふさわしい城と城下町が必要だ
それをここ大坂に築くとしよう…

*羽柴秀吉：一五三七年、今の愛知県中村市の農家に生まれ、織田信長に仕えたあと、天下を統一する。

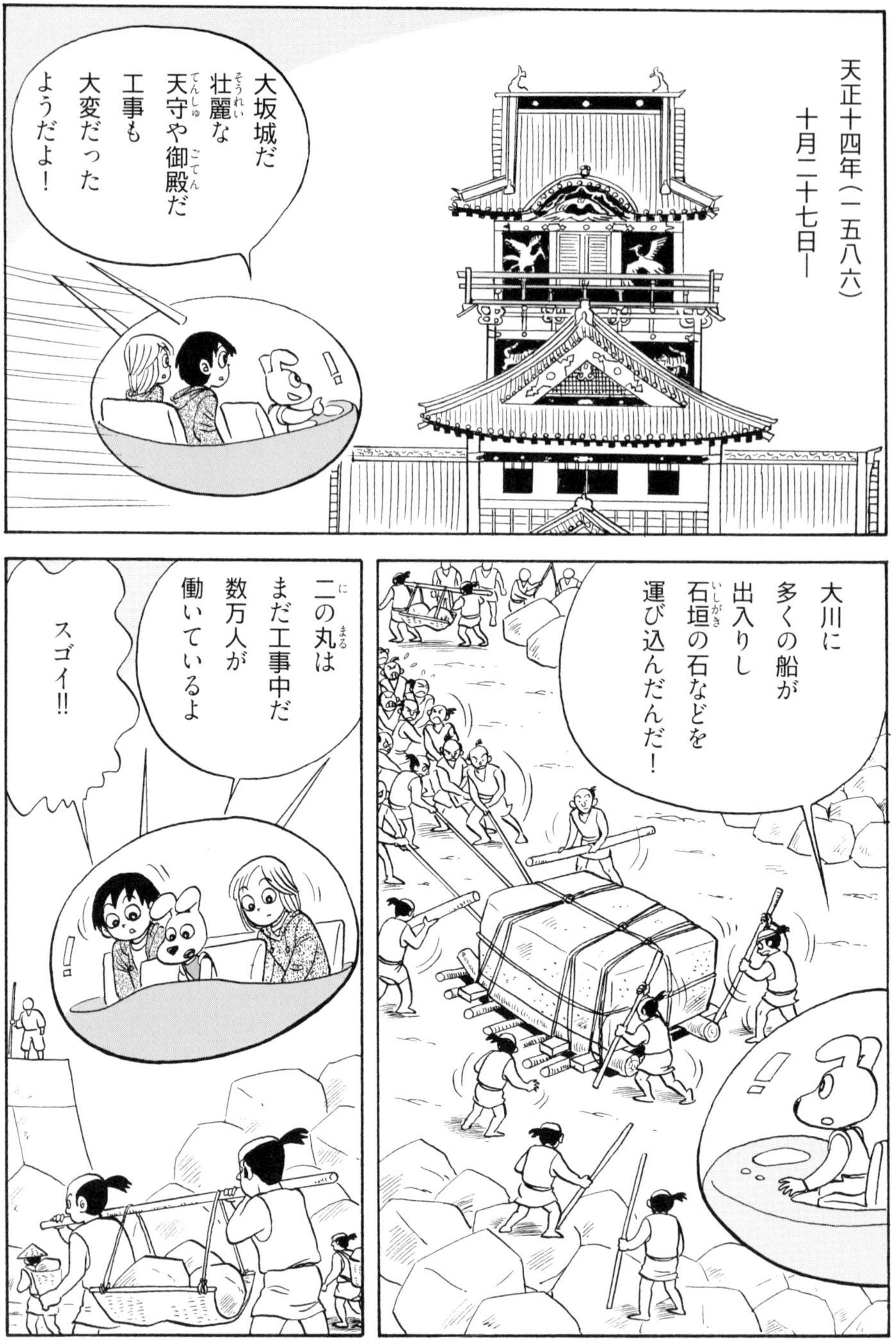
天正十四年（一五八六）十月二十七日―
大坂城だ 壮麗《そうれい》な天守《てんしゅ》や御殿《ごてん》だ 工事も大変だったようだよ！
！
大川に多くの船が出入りし石垣《いしがき》の石などを運び込んだんだ！
！
二《に》の丸《まる》はまだ工事中だ 数万人が働いているよ
スゴイ!!
！

城の周囲には
秀吉に服属《ふくぞく》した大名たちの屋敷が並び
川沿いなどには商人たちの町が広がっている
どうじゃな徳川家康殿《とくがわいえやす》
天守から見る眺《なが》めは!
すばらしいものでございます
フフフ ワシの力を思い知ったか!
秀吉の力は今や信長を大きくしのいでいる……従っておくほかはあるまい……
この日秀吉は作戦どおり家康を観念《かんねん》させた

豊臣時代の大坂

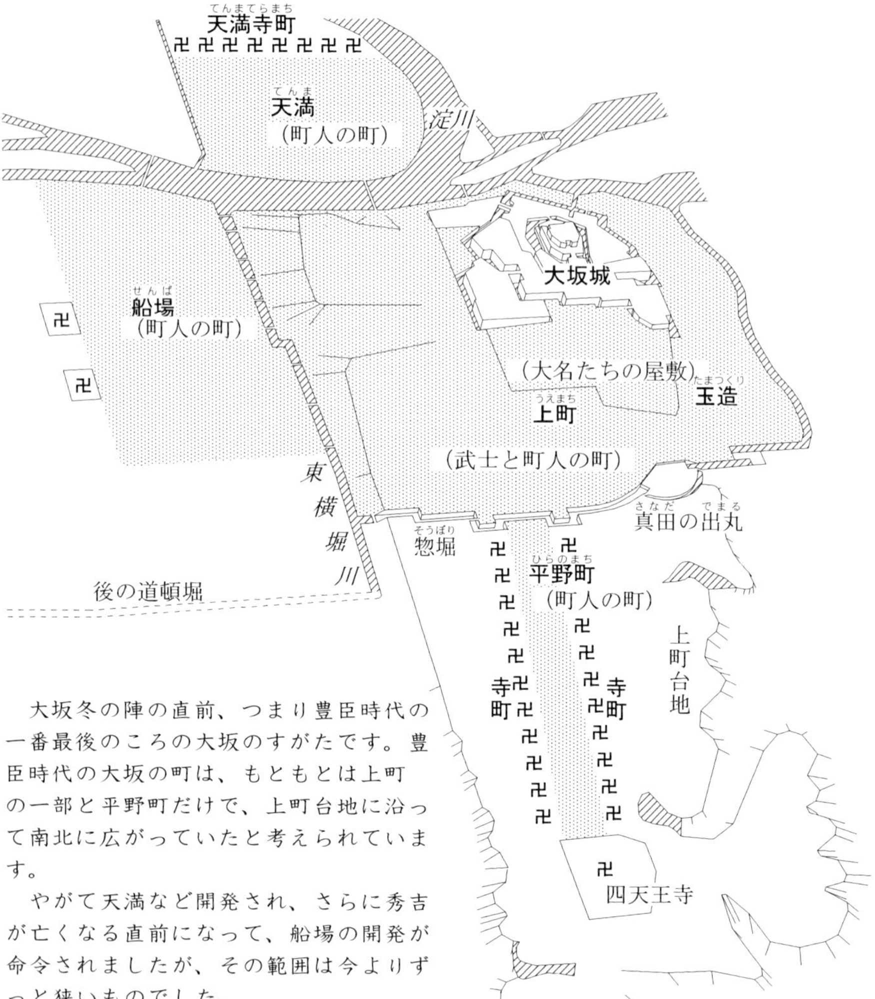

天満寺町《てんまてらまち》
天満《てんま》
（町人の町）
淀川
船場《せんば》
（町人の町）
大坂城
（大名たちの屋敷）
玉造《たまつくり》
上町《うえまち》
（武士と町人の町）
東横堀川
真田《さなだ》の出丸《でまる》
惣堀《そうぼり》
平野町《ひらのまち》
（町人の町）
後の道頓堀
上町台地
寺町
寺町
四天王寺

大坂冬の陣の直前、つまり豊臣時代の一番最後のころの大坂のすがたです。豊臣時代の大坂の町は、もともとは上町の一部と平野町だけで、上町台地に沿って南北に広がっていたと考えられています。

やがて天満など開発され、さらに秀吉が亡くなる直前になって、船場の開発が命令されましたが、その範囲は今よりずっと狭いものでした。

もうひとつ、今のすがたと大きく違うのは、上町・玉造まで含みこんだ、「惣堀」がめぐらされていたことです。

秀吉の死

慶長三年（一五九八）―
この年 秀吉は 病《やまい》の床《とこ》に あったんだよ
!
!
つゆとおち つゆときえにし わがみかな なにわの事も ゆめの又ゆめ
うゝ…
…………
晩年《ばんねん》の秀吉は 甥《おい》の秀次《ひでつぐ》を殺し また朝鮮を攻め 多くの兵と民を 死なせた
栄華《えいが》とは うらはらに 政治は行き詰まり わが子秀頼《ひでより》の 将来に不安を 感じていたんだ
!

*伏見城《ふしみじょう》で亡くなったけど最後になつかしく思い出したのは大坂にいたときのことだったんだね
秀吉の死後は豊臣秀頼《とよとみひでより》が大坂城に入っていた
えっ⁉まだ子供よ
このとき三歳
家康に天下を渡すな！われらは秀頼様をお守りする‼
あの人は？
石田三成《いしだみつなり》
次の天下をねらう徳川家康に対し戦いののろしをあげたんだ！

*伏見城：京都市伏見区にあった。

大坂城には毛利輝元《もうりてるもと》が入って西軍《せいぐん》(石田方)の本営となった
この家康に兵を挙げるとは！
よし出陣じゃ！
慶長《けいちょう》五年(一六〇〇)九月十五日西軍は関ヶ原《せきがはら》で破れ二十二日には輝元は城を明け渡した
ワー
ワー
！
この結果豊臣氏はたった六五万石の大名になりさがったんだ‥‥
‥‥‥
！！

勝った家康は慶長八年（一六〇三）征夷大将軍《せいいたいしょうぐん》となり江戸幕府《えどばくふ》を開く
上に将軍がいてその下に二六〇余りの大名が配置されたんだ
幕府は大名の領地《りょうち》を入れかえたり取り上げることもできた
フフフ全国の大名を管理しておけば天下はワシのものよ！
しかしあの大坂城がめざわりじゃ‥‥
豊臣秀頼と母親の淀殿《よどどの》をなんとかせねば‥‥うかうかしておれん‥‥

関ヶ原以後 政治の中心は 江戸へと 移っていった けれど
大坂の町は 繁栄し 続けていた

木津川《きづがわ》や 大川《おおかわ》には 米などを 積んだ船が あんなに 出入りして いるよ

西日本の 大名たちが 年貢米を 大坂で売って 金銭に 換《か》えるように なっていったんだ

でも町の繁栄はその川に近いあたりだけなんだよね
船場《せんば》の南のほうはあまり開発が進んでいない
そこに目をつけたのが*成安道頓《なりやすどうとん》と安井九兵衛《やすいくへえ》
このままではダメだ
どうだいいっちょう大きなことをやろうじゃないか
船場の南に運河《うんが》を掘り東横堀《ひがしよこぼり》から海へ出られるようにしたらどうだろう！
それなら開発もどんどん進むってわけだ！
ふたりは運河を掘りたいと豊臣家に申し出たんだ
すごい大きな発想《はっそう》だよね！

＊成安道頓と安井九兵衛：後世、安井家と道頓は混同されて伝説化され、九兵衛の従兄弟《いとこ》の「安井道頓」という人物が創作された。

工事は順調に進むかに見えたんだけど—
慶長十九年（一六一四）十一月—
家康と秀頼の戦いが始まってしまった
くそーっ！さすが大坂城なかなか攻め落とせん！
道頓は秀頼方に加わり九兵衛は家康に協力を申し出る
ふたりの道は分かれてしまうんだね
そうだよ戦いは二度あり和平をはさんで大坂冬《おおさかふゆ》の陣《じん》大坂夏《おおさかなつ》の陣《じん》と呼ばれているんだ

家康は 大坂冬の陣の後 和平の条件として 大坂城の＊惣堀《そうぼり》を 埋めるよう申し入れ 秀頼は受け入れる
しかし 家康は 二の丸まで 壊してしまう
怒った秀頼は 元和《げんな》元年 （一六一五） ふたたび 家康との戦いを はじめる
でも 堀を埋められた 大坂方は この夏の陣で あっけなく 敗れたんだ
ゴオー
大坂城は 炎につつまれ 豊臣家は 滅亡《めつぼう》
!
大坂方に 加わった 成安道頓も 戦死して しまう

＊惣堀：城下町を囲む最も外側の堀（九六ページ参照）。

6 天下の台所

大坂の復興

大坂夏の陣の一か月後 徳川家康は孫の松平忠明《まつだいらただあきら》に大坂の復興《ふっこう》を命じた

ところで秀吉の築いた大坂城は家康に攻め込まれて焼け落ちてしまったよね
大坂城再建工事のとき徳川幕府は豊臣の城を地下に埋めてしまった

大坂城本丸の断面模式図

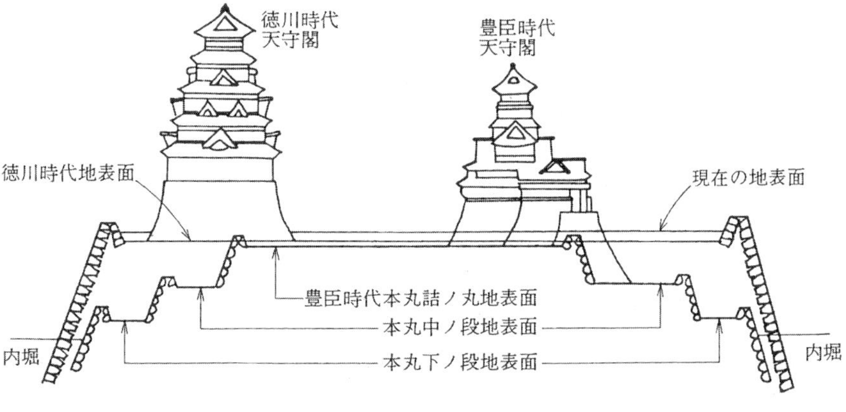
徳川時代天守閣
豊臣時代天守閣
徳川時代地表面
現在の地表面
豊臣時代本丸詰ノ丸地表面
本丸中ノ段地表面
本丸下ノ段地表面
内堀
内堀

今の大阪城にあるみごとな石垣や大きな石は徳川幕府が再建工事をしたときのものなんだ
蛸石《たこいし》
天守閣《てんしゅかく》も秀吉の建てたものじゃないのね
今の天守閣は昭和《しょうわ》六年（一九三一）復興のものなんだよ
えっどういうこと？
徳川の天守閣も寛文《かんぶん》五年（一六六五）落雷《らくらい》で焼けてしまった
昭和三年昭和天皇即位の記念事業として大阪市が秀吉時代の天守閣を復興しようと提案
建設資金は市民からの寄付でまかなわれたんだ
すごい!!

家康から大坂をまかされた松平忠明
大坂城の再建はあとにまわして町の復興を先に進めていった
う〜む・・・・
大坂のような大きな町の管理は大変だ
市中《しちゅう》をいくつかに分け信用のある富豪《ふごう》に*元締衆《もとじめしゅう》になってもらおう
次は税だ！
町《ちょう》ごとに土地の台帳《だいちょう》を作らせ*地子銀《じしぎん》の徴収《ちょうしゅう》を徹底《てってい》させよう

＊元締衆：町人の代表者として町々の管理や税の徴収をまかされた人々。

＊地子銀：町中の土地にかかる税。銀で徴収した。

町ごとの経済力の違いもよく考えなければならぬ
地子銀には三〇ほどの段階差《だんかいさ》をつけよう
実務《じつむ》は元締衆と町ごとの「町年寄《ちょうどしより》」にまかせればいい
うん！新しい大坂の支配はこれで決まりだな！
一六一五年
忠明様！新しく川を作っている河口《かこう》近くに鯨《くじら》が現れましたぞ！
おもしろい！すぐさましとめるのじゃ!!

オオッ
ザブ
ザブ
ワーッハハハ それにしても 九兵衛 このような 新川を自分で 掘ろうとは
そなたは スゴイ奴 じゃ！
いえ わたし ひとりで 始めたの では ありません
なに？ そなたと ともに この新川を つくっていた 者がいる と？
はい 道頓《どうとん》と 申します 大坂の陣で 戦死しました

ならば この新川を 「道頓堀《どうとんぼり》」と 名づけよう
えっ それが 今の 道頓堀川《どうとんぼりがわ》？
！
！
そうだよ
大坂の堀川は 豊臣時代に 東横堀川《ひがしよこぼりがわ》 西横堀川《にしよこぼりがわ》 天満堀川《てんまほりがわ》 阿波堀川《あわぼりがわ》 などができており
江戸時代の はじめごろに 江戸堀川《えどぼりがわ》 京町堀川《きょうまちぼりがわ》 長堀川《ながほりがわ》なども 完成したと いわれてる

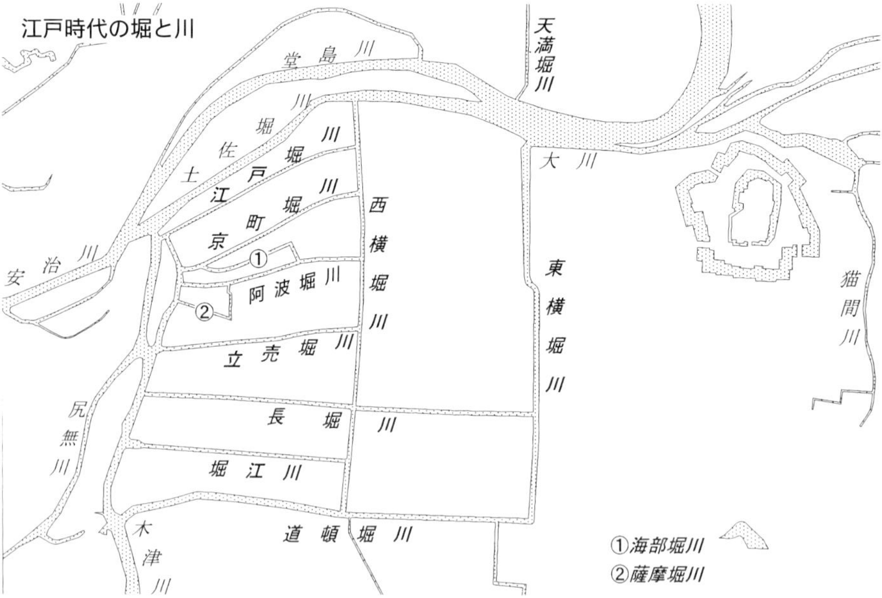
江戸時代の堀と川
堂島川
天満堀川
大川
土佐堀川
江戸堀川
京町堀川
①
阿波堀川
②
立売堀川
西横堀川
東横堀川
猫間川
安治川
長堀川
尻無川
堀江川
木津川
道頓堀川
①海部堀川
②薩摩堀川

道頓と九兵衛が計画したように大坂の町は堀川の整備によって南へ西へと拡大していったんだ
後年「東洋のベニス」「水の都《みやこ》」と呼ばれる大坂のすがたがつくられていった
そのころの船は今のトラックだし堀川は道路だといえるね
船からおろされた荷物はそのまま蔵に入れられたり
*ベカ車《ぐるま》で目的地まで運ばれたりしていたんだ

*ベカ車：江戸時代の大坂で使われた荷車。江戸で使われた「大八車」とは車輪の構造などが違う。

朱印船貿易

ザザー
あの船は？
朱印船《しゅいんせん》だ
豊臣時代から江戸時代はじめには日本とヨーロッパの国々の間で盛んに貿易《ぼうえき》が行われたんだ
ザザー
ヨーロッパの船がやって来ただけではなくて日本人の船も東南アジアに進出した
貿易船には幕府の朱印をおした許可状が与えられたので「朱印船」と呼ばれているんだよ

朱印船貿易を盛んに行った豪商《ごうしょう》は京都の角屋《かどや》・茶屋《ちゃや》長崎の末次《すえつぐ》・荒木《あらき》そして平野《ひらの》の末吉《すえよし》家
これは末吉船《すえよしぶね》
もともと平野は大坂とは別の町だったんだ
末吉家は中世以来の有力者で商業・金融業で富をたくわえていたんだ
ザザー

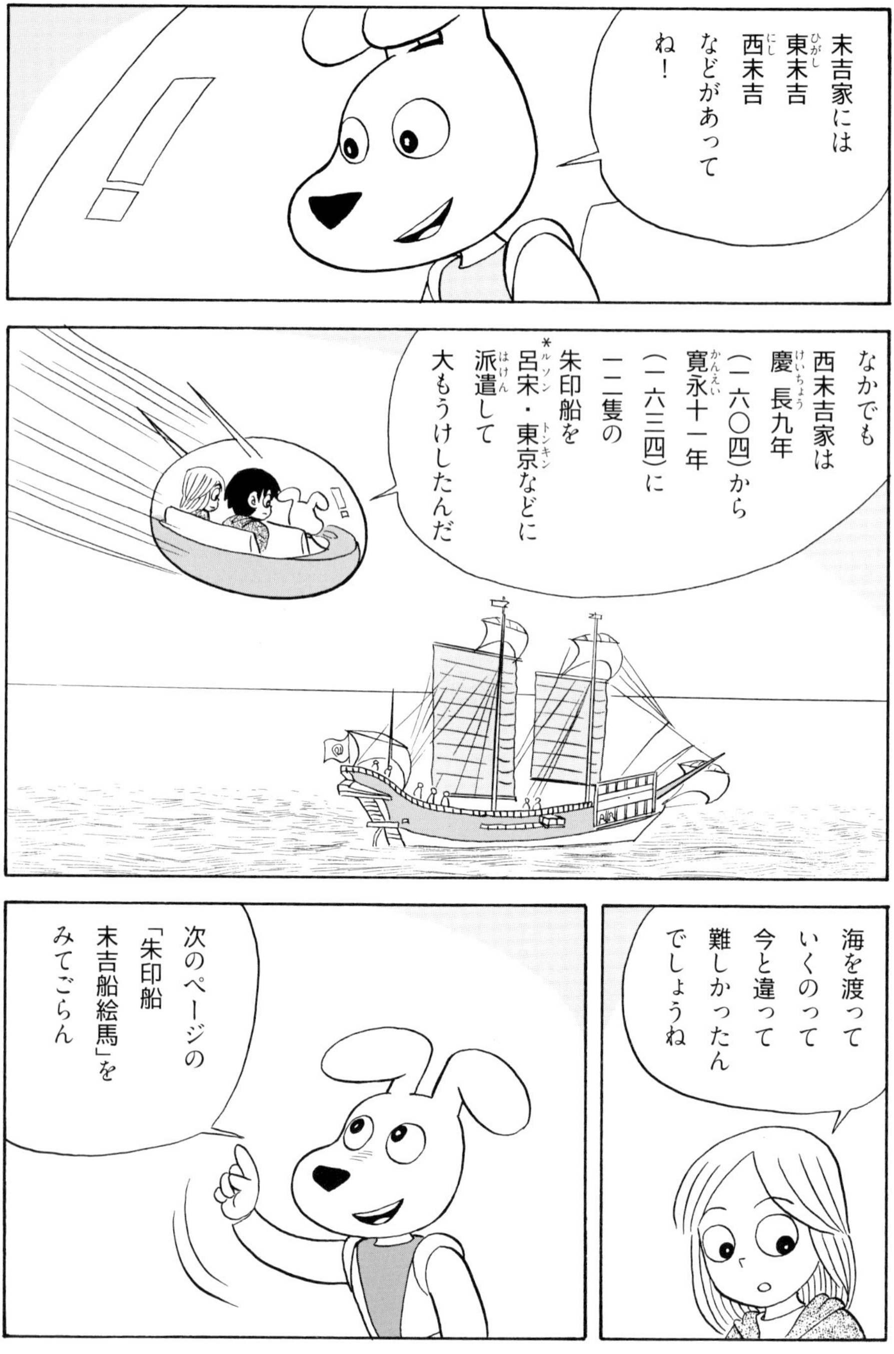
末吉家には
東末吉《ひがし》
西末吉《にし》
などがあって
ね！
！
なかでも
西末吉家は
慶長《けいちょう》九年
（一六〇四）から
寛永《かんえい》十一年
（一六三四）に
一二隻の
朱印船を
＊呂宋《ルソン》・東京《トンキン》などに
派遣《はけん》して
大もうけしたんだ
！
海を渡って
いくのって
今と違って
難しかったん
でしょうね
次のページの
「朱印船
末吉船絵馬」を
みてごらん

＊呂宋・東京：呂宋は今のフィリピンのルソン、東京は今のベトナム北部を指す地名。

奉掛御寳前
諸願成就皆令満足
末吉

この絵馬は寛永十年（一六三三）西末吉家の孫左衛門《まござえもん》が無事帰国できたことを感謝して京都の清水寺《きよみずでら》に奉納《ほうのう》したものなんだ
マストのあたりなどにヨーロッパ人の船乗《ふなの》りが描かれているだろ

天文航法《てんもんこうほう》を勉強した日本人船乗りもいたけれど数は少なくヨーロッパ・中国の船乗りに頼ることが多かったみたいだね
この朱印船貿易も寛永十二年（一六三五）に禁止されてしまう
それから二〇〇年以上日本人は外国へ行けず外国人もほとんど日本に入れない「鎖国《さこく》」の時代が続くんだよ
なぜなの？
幕府は貿易をひとりじめしつつキリスト教を禁止したかったんだ

元和五年（一六一九）大坂は幕府の直轄地《ちょっかつち》になっている
直轄地？
他の藩のように大名に治めさせるのではなく幕府が直接支配を行ったんだ

これが幕府の大坂支配のしくみだよ

大坂城代《じょうだい》
2万〜10万石くらいの大名
大坂城の警備
西日本の大名たちの監視
大坂にいる幕府役人たちの総括など

- **定番《じょうばん》**
- **大番《おおばん》**
- **加番《かばん》**

城代を補助して大坂城を警備

大坂東町奉行《ぶぎょう》
1000〜3000石くらいの旗本《はたもと》
大坂の町の行政・司法など

- **地方役《じかたやく》** 土地台帳・株仲間《かぶなかま》の管理など
- **川役《かわやく》** 河川の管理など
- **火消役《ひけしやく》** 消防など
- **盗賊改《とうぞくあらため》** 犯罪者の捜索《そうさく》など
- **その他**

大坂西町奉行
東町奉行と１か月交代で執務
配下の組織などは同じ

それぞれ東西町奉行所に与力《よりき》（約30人）・同心《どうしん》（約50人）が勤務

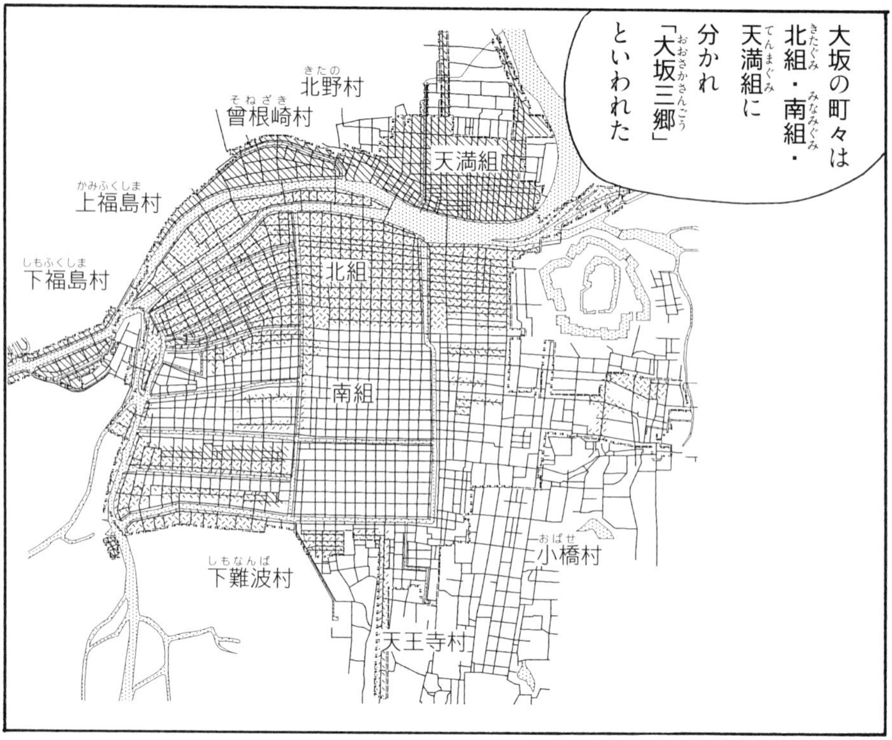
大坂の町々は 北組《きたぐみ》・南組《みなみぐみ》・ 天満組《てんまぐみ》に 分かれ 「大坂三郷《おおさかさんごう》」 といわれた
北野村《きたの》
曾根崎村《そねざき》
天満組
上福島村《かみふくしま》
下福島村《しもふくしま》
北組
南組
小橋村《おばせ》
下難波村《しもなんば》
天王寺村

この三郷を 治めて いたのが 大坂町奉行《まちぶぎょう》 なんだ
時代劇《じだいげき》で みたことあるわ 警察《けいさつ》や裁判《さいばん》の 仕事をするん でしょ
カッコ イイよね！

いや一一九ページの図をよくごらん町奉行の下に地方役《じかたやく》・川役《かわやく》などの役割《やくわり》もあるだろう
大坂町奉行は今の府知事《ふちじ》・市長《しちょう》のような役目もはたしてたんだよ
へー…………
でも幕府はなぜ大坂を直轄地にしたの？
船を使った全国的な流通のしくみが発達してね大坂はその中心で「天下の台所」と呼ばれていた
大名にまかせたりできないから直轄地にしたんだ

ごらん
たくさんの
船が
大坂と江戸を
往復している
大坂から
「樽廻船《たるかいせん》」で
運ばれるお酒や
「菱垣廻船《ひがきかいせん》」が運ぶ
米や日用品で
江戸の人たちの生活が
成り立っていたんだ

大坂には
三大市場が
あった
まず
堂島《どうじま》の
米市場

摂津名所図会

天満《てんま》の
青物《あおもの》市場

そして*雑喉場《ざこば》の魚市場
一〇〇くらいある大坂の蔵屋敷《くらやしき》に毎年一〇〇万石以上の米が運び込まれていた
蔵屋敷？
江戸時代には農民が大名に納める主な税(年貢《ねんぐ》)は米で
大名は米を大坂などで売ってお金に換えていた
そのための事務所・倉庫として蔵屋敷が設けられた
!

＊雑喉場：現在の西区京町堀付近。

でもね大名たちは米を単純にそのまま売ってたんではないんだよ
ただ今より来月入荷する年貢米を前売りする！
一石あたり銀四五＊匁《もんめ》だ
では三〇石分の「米切手《こめきって》」を
米の予約券にあたる米切手を発行してたんだ
米価が五〇匁に値上がりしました！
そうか！
よし！このまえの米切手を売れば一石あたり五匁のもうけだ！
これって株取引みたいだ！
そうだよ！
米市場では米価があまり極端《きょくたん》に上下しないよう複雑な取り引きの仕組みがつくられていったんだ
現在の株式市場《かぶしきしじょう》とよく似た先進的《せんしんてき》なものだったんだよ

＊匁：高額の貨幣としてふつう江戸では金、大坂では銀が使われたが、銀はその重さで金額をあらわすようになっていた。一匁は約三・七五グラムにあたる。

この人は天保《てんぽう》十一年（一八四〇）福岡《ふくおか》藩大坂蔵屋敷役人となった大岡克俊《おおおかかつとし》
日記が今も残っている
!
蔵屋敷役人の一年は新年のあいさつまわりに始まる
東・西町奉行のほか出入りの商人にもあいさつに行く
ようおいでくだされました
蔵屋敷に出入りする商人はいろいろいるけれど
ようおいでくだされました
両替商《りょうがえしょう》や米商いをしている大坂でも名だたる豪商が多かった
これはこれは

鴻池善右衛門《こうのいけぜんえもん》加島屋久右衛門《かじまやきゅうえもん》などはいくつもの蔵屋敷をかけ持ちして取り引きをしていた
ふわ〜っあいさつまわりだけでもけっこう疲れるわい
大坂蔵屋敷役人の仕事はこれからが大変なのさ
米の売却《ばいきゃく》はもちろん大坂城代以下幕府諸役人との交渉！
その合間に同僚や出入りの商人たちと芝居見物《しばいけんぶつ》殿様の代理として寺・神社へのお参り……
毎年夏の天神祭《てんじんまつり》にはそれぞれの蔵屋敷でおもしろおかしく大坂の町人たちと交流…

それだけじゃあない
大変でございます!
領地で洪水《こうずい》が!大変な被害となっております!
なんだと!!
いそいで商人たちから復興資金を工面《くめん》しなければ!!
わかりました!おまかせください!
かたじけない!
このように緊急《きんきゅう》に借金《しゃっきん》の手配をしないといけないときもあるんだよ
この人は萩《はぎ》・広島《ひろしま》・宇和島《うわじま》などの蔵屋敷に出入りしていた鴻池市兵衛《こうのいけいちべえ》
ささお役人様方今日はどんどん飲んでくだされい

役人の交代があればその送別《そうべつ》・歓迎《かんげい》
いやぁはじめまして市兵衛と申します
舟遊びにも出かけている
おせわになりましたお帰りになるとさみしくなります！
ほい！
市兵衛さんの趣味《しゅみ》は囲碁《いご》で
パチ
やられた！市兵衛さんあんた強いよ！
蔵屋敷で用事を済ませたあと役人たちとしているのがおもしろい！
各藩の米や特産物の入札《にゅうさつ》にも市兵衛さんは大忙し！
蔵屋敷では役人も商人も忙しいんだね！
！
！

でも江戸時代後半になると藩と商人の関係も変化していくー
どういうこと？
それはありがたいことでございます
藩の特産品販売をすべてわたしどもにおまかせいただけるとは
そのかわりうちの借金は・・・
ほとんどの藩は赤字が増えて
大坂商人からの借金が返しきれない金額になっていきしだいに藩という政治の仕組みそのものが行き詰まっていくんだ

豪商の心構えと家訓

第一条 万事《ばんじ》正しい道を歩み 国の法を守り *仁義五常《じんぎごじょう》の道に背《そむ》かず 主君《しゅくん》を大切にし 父母に孝行《こうこう》し
家内《かない》はむつまじく へりくだったり おごったりせず 家業《かぎょう》を第一に 勤めること！
!
何をしてるの？
「家訓《かくん》」を読み上げている
読んでいるのは 大坂を代表する 商人 鴻池屋《こうのいけや》の初代 新六《しんろく》

*仁義五常：いずれも中国の儒教の教えにもとづいた人として守るべき道徳のこと。

摂津《せっつ》国＊鴻池《こうのいけ》村で酒造《しゅぞう》を始め江戸への販売で成功して元和《げんな》五年（一六一九）に大坂へ進出
酒造業のほかに海運《かいうん》業・大名貸《だいみょうが》しを行っている
江戸時代の商家は商売をする店の奥が住居家族だけでなく奉公人《ほうこうにん》も一緒に住んでいた
！
それらすべてを含めひとつの「家《いえ》」と考えられていた「家」の永続《えいぞく》が商人たちの最大目標だった
！
そのために必要なさまざまな心構えを子孫に伝えるため「家訓《かくん》」が作られていたんだ

＊鴻池村：現在の兵庫県伊丹市鴻池。

新六の作成した「子孫制詞条目《しそんせいしじょうもく》」という家訓は二四条にもおよぶんだよ
そんなにあるの!?
商家鴻池屋の創業《そうぎょう》期にあたる慶長《けいちょう》十九年(一六一四)に作られた
年に二回こうして一族にだけ読み聞かせていたんだ
先祖・父母の恩《おん》お金の節約奉公人の教育などいろいろなことが具体的に書かれていた
ヒエー大坂の商家ひとつひとつに「家訓」があるのか!?
すごい!

曽根崎心中と町人文化

元禄《げんろく》十六年（一七〇三）近松門左衛門《ちかまつもんざえもん》が書き竹本義太夫《たけもとぎだゆう》が浄瑠璃《じょうるり》を語った「曽根崎心中《そねざきしんじゅう》」が大ヒット！
いやあ こないだあった徳兵衛《とくべえ》とお初《はつ》の心中《しんじゅう》事件を＊人形浄瑠璃《にんぎょうじょうるり》にするなんて
これまで昔の武士が主人公の話が多かったのでびっくりしたなー！
時代物《じだいもの》もいいけど今回のような「世話物《せわもの》」もいいじゃないか
人形浄瑠璃は二つのジャンルを確立《かくりつ》したようだ
！
！
京都にかわってしだいに大坂が芸能の中心となっていったんだ

＊人形浄瑠璃：浄瑠璃とは物語に節をつけて、三味線にあわせて語ったもの。それを人形芝居と組み合わせたのが人形浄瑠璃。現在は「文楽」と呼ぶことが多い。

お金もたまったしいろいろ楽しんでみるかな
芝居も見たいし本も読みたいわ
生活に余裕のできた町人たちが学問や文化を盛んにしていったんだ
！
竹本義太夫は天王寺《てんのうじ》村の出身一時京都にいたけど貞享《じょうきょう》元年（一六八四）道頓堀に劇場《げきじょう》を開く
大根は〜いらんか〜
オッこの声も使える！
浄瑠璃に工夫を加えて改良したので以後浄瑠璃のことを「義太夫《ぎだゆう》」とも呼ぶようになった
この義太夫に作品を提供したのが近松門左衛門《ちかまつもんざえもん》
それまでストーリーは単純なものが多かったけど

近松は義理《ぎり》と人情《にんじょう》の板ばさみになって死んでいく恋人たちの悲劇《ひげき》を情感豊《じょうかんゆた》かに描《えが》いて人々の共感《きょうかん》を得た
「曽根崎心中」から二年後近松は京都から大坂に引っ越した
今日から大坂でがんばるぞ！
歌舞伎《かぶき》の台本《だいほん》も手がけ名優《めいゆう》の坂田藤十郎《さかたとうじゅうろう》と組んでいくつも名作《めいさく》を残している
天和《てんな》二年（一六八二）
井原西鶴《いはらさいかく》の『好色一代男《こうしょくいちだいおとこ》』読んだか!?
武士も町人も生き生きと描かれていておもろかった

近松とならび
近世大坂の
二大作家と
いわれるのが
井原西鶴
フフフ
『好色一代男』が
あんなに
うけるとは！
これからは
好色物《こうしょくもの》・武家物《ぶけもの》・
町人物《ちょうにんもの》・雑話物《ざつわもの》と
いろいろ
書くぞ！
『好色一代男』
以後の作品を
「浮世草子《うきよぞうし》」
と呼び
それまでの
「*仮名草紙《かなぞうし》」
と区別
している

＊仮名草紙：ひらがなを多く使って書かれ、木版刷りで出版された安価な読み物。

ほかに大坂の作家といえば『雨月物語《うげつものがたり》』を書き『万葉集《まんようしゅう》』を研究した上田秋成《うえだあきなり》
『万葉代匠記《まんようだいしょうき》』を書いた契沖《けいちゅう》などが有名だ
ここは道頓堀！歌舞伎や浄瑠璃ののぼりが立ってにぎやかだ
豊かな文化っていいいね！
！

学問と町人

この広い宇宙のどこかに宇宙人がいるって考えたことあるだろ?
あるある!
江戸時代にもそんなことを考えていた「町人学者《ちょうにんがくしゃ》」がいたんだよ
ええっ!?
本当!
山片蟠桃《やまがたばんとう》といって商人として成功したんだけど学者としてもすぐれていた人なんだ
ヨーロッパから伝えられた天文学《てんもんがく》を学んだだけでなく独自に合理的な思考を発展させた
彼の本『夢《ゆめ》ノ代《しろ》』にある「大宇宙図《だいうちゅうず》」にはいくつもの太陽系《たいようけい》が描かれているんだよ

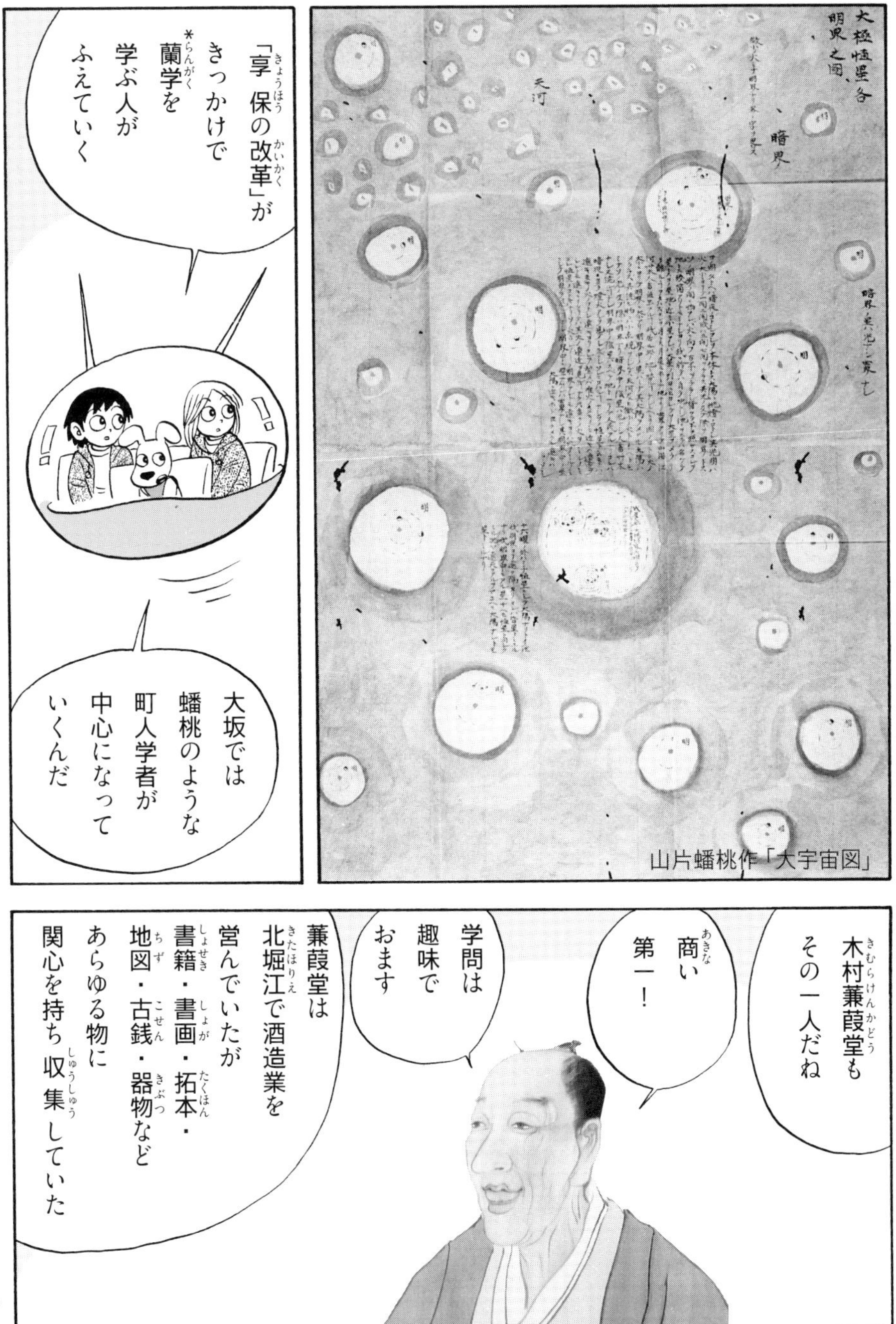

大極恒星各明界之図
天河
暗界
「享保《きょうほう》の改革《かいかく》」がきっかけで*蘭学《らんがく》を学ぶ人がふえていく
大坂では蟠桃のような町人学者が中心になっていくんだ
木村蒹葭堂《きむらけんかどう》もその一人だね
商《あきな》い第一!
学問は趣味でおます
蒹葭堂は北堀江《きたほりえ》で酒造業を営んでいたが書籍《しょせき》・書画《しょが》・拓本《たくほん》・地図《ちず》・古銭《こせん》・器物《きぶつ》などあらゆる物に関心を持ち収集《しゅうしゅう》していた

山片蟠桃作「大宇宙図」

*蘭学：オランダの学問という意味。当時、西洋の学問はオランダを通じてしか、入ってこなかったため、このようにいわれる。八代将軍・徳川吉宗が行った享保の改革では蘭学を勉強するうえでの規制が緩和された。

えらいのはそれらを出し惜しみしなかったことだ
顕微鏡《けんびきょう》でっか？貸したげます
オランダ語ラテン語を学ぶなどその知識は幅広く
蒹葭堂のもとにはあらゆる分野の人が訪ねてきた
訪問者には麻田剛立《あさだごうりゅう》大槻玄沢《おおつきげんたく》小石元俊《こいしげんしゅん》橋本宗吉《はしもとそうきち》司馬江漢《しばこうかん》など
みんなすごい学者さんたちだ
いろいろな町人学者が生まれたのはなぜか
実は大坂には町人のための学問所《がくもんじょ》があったんだ

学問所って学校のこと？
そうだよ！
学問所の中でも含翠堂《がんすいどう》と懐徳堂《かいとくどう》は特に有名だった
含翠堂は享保《きょうほう》二年（一七一七）に老松堂という名前で平野《ひらの》にできたんだ
やがて大坂の儒学者《じゅがくしゃ》三宅石庵《みやけせきあん》を招き含翠堂と名を変えたんだ
含翠堂跡
含翠堂跡の碑
（平野区平野宮町）

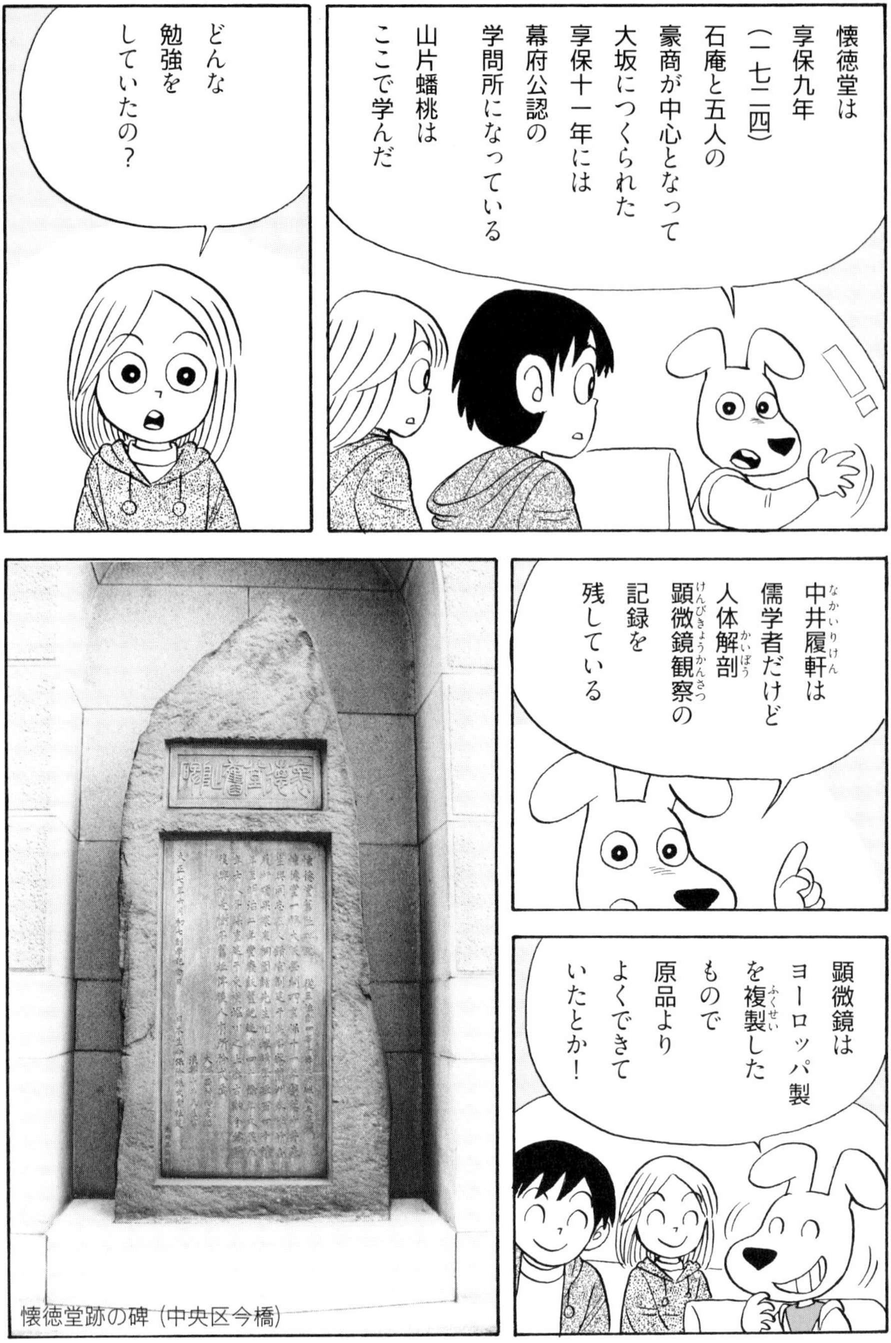
懐徳堂は享保九年（一七二四）石庵と五人の豪商が中心となって大坂につくられた享保十一年には幕府公認の学問所になっている山片蟠桃はここで学んだ
どんな勉強をしていたの？
中井履軒《なかいりけん》は儒学者だけど人体解剖《かいぼう》顕微鏡観察《けんびきょうかんさつ》の記録を残している
顕微鏡はヨーロッパ製を複製《ふくせい》したもので原品よりよくできていたとか！
懐徳堂跡の碑（中央区今橋）

底辺に置かれた人々

武士がいて その下に 百姓《ひゃくしょう》・町人《ちょうにん》 がいて……
ほかに天皇《てんのう》や公家《くげ》の 身分《みぶん》もあった 江戸時代は 身分制度のきびしい 社会だった
武士・百姓・町人の 下とされた 「えた」「ひにん」 という身分の 人たちへの 差別《さべつ》は特に きびしかった!
「えた」身分の 人々は 死んだ牛・馬から 皮製品を つくったり 農業などを していた
「ひにん」身分の 人々は 町々の番人を したり 大坂町奉行所の下で 犯罪捜査《はんざいそうさ》などに あたっていた

どれもなくてはならない仕事のはずなんだけど……
＊旅籠屋《はたごや》・煮売《にうり》・小酒屋《こさけや》などへの立ち入り……
百姓・町人にふんし候者《そうろうもの》は厳しくお仕《し》置《お》き申し付け……
何を言ってるの？
えた・ひにんは百姓・町人と同じ店に入ったり同じ服装をしてはいけないというんだ
なぜ!?
差別は幕府の政策として推し進められたんだよ
どうして？
武士が百姓・町人などの身分秩序を強化するためだったといわれている

＊旅籠屋・煮売・小酒屋：それぞれ今の旅館・雑菜屋・居酒屋のようなもの。

でもね文化《ぶんか》年間（一八〇四〜一八一八）成立の『世事見聞録《せじけんぶんろく》』にはこんな話も出てくる
大坂渡辺《わたなべ》村の「えた」には太鼓屋又兵衛《たいこやまたべえ》といって七〇万両の財産がありぜいたくな暮らしをしている者がいる
ほかにも豊かな人々が数十人はいると書かれている
パタン
スゴイ！どんな人なの？
太鼓又《たいこまた》（太鼓屋又兵衛）については不明な点が多い
最初は太鼓をつくる職人で
それから皮を売る問屋になったらしい
成功するにはほかの問屋が進出してない所と商売することだ

このねらいがあたり＊大分府内藩《おおいたふない》や秋月《あきづき》藩の指定の皮革《ひかく》商人となった西日本で勢力を拡大していくんだよ
渡辺村は大坂の町が広くなったときに移転させられていてすぐ水につかってしまうような川沿いの低い土地にあったんだ
ひどいね・・・・
ドドー

＊大分府内藩や秋月藩：府内は現在の大分県大分市、秋月は福岡県甘木市にあった。

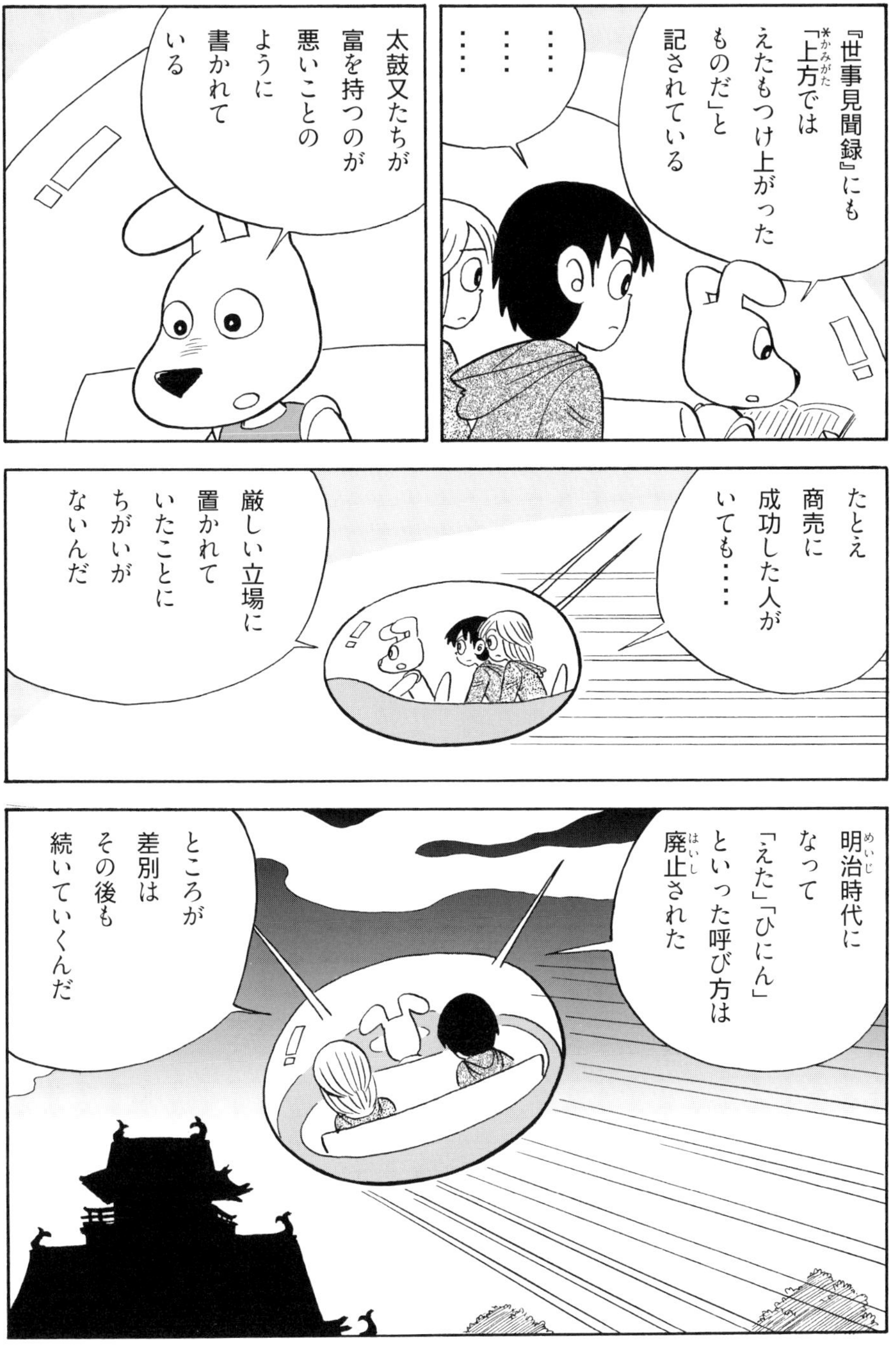
『世事見聞録』にも＊「上方《かみがた》ではえたもつけ上がったものだ」と記されている
・・・・・・
太鼓又たちが富を持つのが悪いことのように書かれている
！
！
たとえ商売に成功した人がいても・・・・
厳しい立場に置かれていたことにちがいがないんだ
！
明治《めいじ》時代になって「えた」「ひにん」といった呼び方は廃止《はいし》された
ところが差別はその後も続いていくんだ
！

＊上方：大坂・京都などのこと。

天保八年(一八三七)
二月十九日
午前八時―
ザッ
ザッ
ガラ
ガラ
ガラ
ガラ
あれは?
大坂東町奉行所の元与力《よりき》で名高い学者でもある大塩平八郎《おおしおへいはちろう》だ
大砲《たいほう》まで……戦争に行くみたいよ
これは大塩平八郎が幕府に対して起こした反乱《はんらん》なんだ
ガラ
ガラ

このころ全国的に米が不作でみんな困っていた
ところが幕府は大坂町奉行に命じて大量の米を大坂から江戸に送らせた
そのため大坂では米がどんどん値上がりしていった
ザッ
ザッ
ザッ
人々が飢《う》えてるのに政治家《せいじか》は何もせずぜいたくのかぎりをつくす悪徳《あくとく》商人とともにのうのうとしている！
ザッ
ザッ

こんな社会で良いわけがない！
世直《よなお》しだ！
大塩軍は天満から出発し大商人の店・蔵をこわし放火しながら大坂市中を進んでいった
大塩様の仲間にくわわれー!!
一時は三〇〇人近くまでふくれあがり—
幕府軍と二度戦ったが総崩《そうくず》れとなる

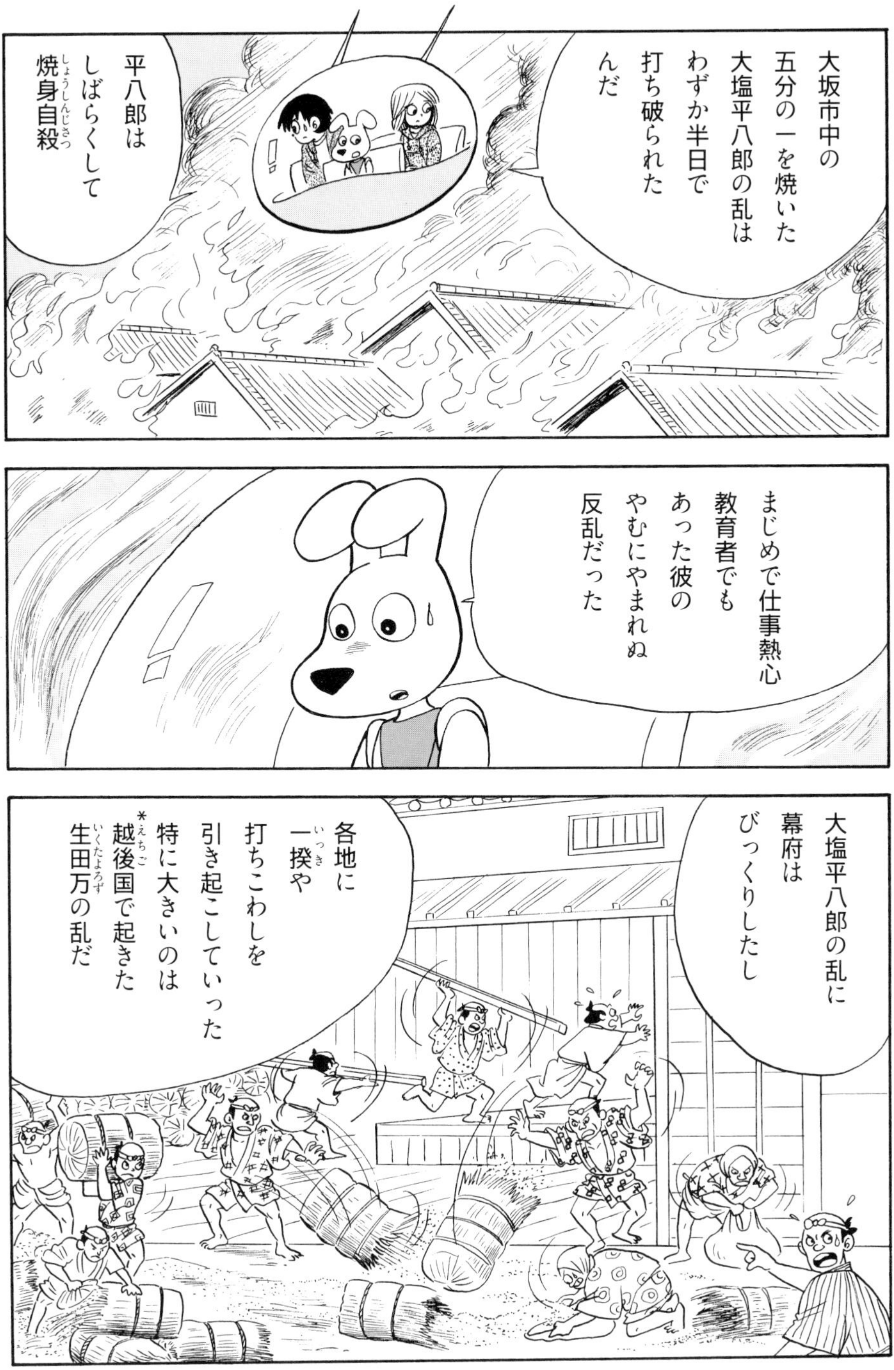

大坂市中の五分の一を焼いた大塩平八郎の乱はわずか半日で打ち破られたんだ
平八郎はしばらくして焼身自殺《しょうしんじさつ》
!
まじめで仕事熱心教育者でもあった彼のやむにやまれぬ反乱だった
!
大塩平八郎の乱に幕府はびっくりしたし
各地に一揆《いっき》や打ちこわしを引き起こしていった特に大きいのは＊越後《えちご》国で起きた生田万《いくたよろず》の乱だ

＊越後国：現在の新潟県。

緒方洪庵と適塾

ごらん
今も中央区《ちゅうおうく》北浜《きたはま》に残っている適塾跡《てきじゅくあと》だよ！
適塾って？
正式には適々斎塾《てきてきさいじゅく》といってね
主に医学の塾だったオランダ語の本の翻訳《ほんやく》と研究《けんきゅう》に力をいれていたんだ！
幕末には大坂の＊洋学《ようがく》はとても盛んでその中心にいたのが緒方洪庵《おがたこうあん》
洪庵が天保《てんぽう》九年（一八三八）に始めたのが適塾なんだ
医学以外のさまざまなことも研究していた

＊洋学：幕末（江戸時代の終わりごろ）にはオランダ以外のヨーロッパ諸国の学問が入ってきたので、それまでの「蘭学」とあわせて洋学と呼ぶようになった。

福沢諭吉《ふくざわゆきち》・橋本左内《はしもとさない》・大村益次郎《おおむらますじろう》・佐野常民《さのつねたみ》・長与専斎《ながよせんさい》・大鳥圭介《おおとりけいすけ》など幕末から明治にかけてさまざまな分野で活躍した人々が育っていく
すごいメンバーなんだよ！
……
……
……
緒方洪庵は＊備中《びっちゅう》国足守《あしもり》藩士の子
文政《ぶんせい》九年（一八二六）大坂で中天游《なかてんゆう》に入門次いで江戸の蘭学者坪井信道《つぼいしんどう》に教えをうけ
江戸で勉強したんだ！
！
いやいや江戸だけじゃない洪庵は長崎《ながさき》でも学んでいる

＊備中国足守：備中国は現在の岡山県の一部。足守は岡山市の一部。

さまざまな医学書の翻訳などに取り組んでいるんだよ
えらいなあ！
嘉永《かえい》二年（一八四九）大坂《おおさか》＊古手町《ふるてまち》に除痘館《じょとうかん》を設置
ヨーロッパから伝来した天然痘《てんねんとう》の予防法を広めている
やぁおまたせ忙しくてねぇ
文久《ぶんきゅう》二年（一八六二）
除痘館も大変だろうけど少しは休んだら？
いやいやひとりでも多く救いたいんだ
この活動は大坂だけにとどまらせてはいけない！ますます忙しくなるよ

＊古手町：現在の中央区道修町。

しかも幕府＊奥医師《おくいし》として招かれたんだって？
そう西洋医学所《せいよういがくじょ》頭取《とうどり》（代表）にも任命されてしまった
体に気をつけろよ適塾は心配するなおれたちにまかせておけ！
二〇年余り大坂で世のためにつくしてきたんだ離れるとなるとなんだかさびしいね
おまえは本当によくがんばってきたもんな
江戸に移って一〇か月後洪庵は過労で急死
まさに「医は仁術《じんじゅつ》」を実践した生き方だった

＊奥医師：江戸城で将軍などを診察する医師。

この大きな船は!?
ロシアの軍艦《ぐんかん》ディアナ号
ペリー来航の翌年安政《あんせい》元年(一八五四)九月十八日ロシアの提督《ていとく》プチャーチンを乗せ天保山《てんぽうざん》沖にあらわれた
なんだあれは!?
戦争か!?
大塩様のときといいぶっそうなことばかり起こりよる!恐ろしや!恐ろしや!

プチャーチンは開国の交渉をしない幕府をおどかすため大坂にきたんだ
幕府は外国との話し合いは長崎《ながさき》で行うの一点張り
大坂城代ほか九〇近い諸藩に天保山周辺を警備《けいび》させたんだ
結局交渉は*伊豆国《いず》下田《しもだ》で行われることになった ディアナ号は半月ほどで去ったけど大坂の人々に大きな影響を与えた

*伊豆国：現在の静岡県の一部。

その後 ＊尊皇攘夷《そんのうじょうい》から 倒幕《とうばく》へと 世の中は 大きく動き―
二度に及ぶ 長州戦争《ちょうしゅうせんそう》も あって―
大坂の 人々も 不安を つのらせて いったんだ
そんななか 東海道《とうかいどう》の 宿場町《しゅくばまち》から 盛大《せいだい》な お祭り騒ぎが 始まった
ええじゃないか
ええじゃないか
ええじゃ ないか
ええじゃ ないか

＊尊皇攘夷：天皇を敬い、外国人を排除しようとする考え方。

各地で天からお札や銭が降り人々が踊りだす
大坂でも慶応《けいおう》三年（一八六七）十月ごろから盛んにみられるようになってくる
御幣《ごへい》はさがるし御米《おこめ》はあがるしよいやないかよいやないか
よいやないかよいやないか
ええじゃないかの乱舞は庶民の不満から起こった運動だったんだね！
すごいエネルギーだね！

7 近代のはじまり　大阪府の誕生と遷都論

慶応四年（一八六八）一月鳥羽伏見《とばふしみ》の戦いで旧幕府軍は破れる
バーン
バーン
バン
ついに徳川も終わりか！
そのとき徳川慶喜《とくがわよしのぶ》は大坂城にいたんだけど
江戸へ逃げたんだ城代・町奉行なども後を追っていった―
大坂城は火事となり市中では略奪《りゃくだつ》が横行《おうこう》して無政府状態《むせいふじょうたい》になってしまった

どうなるの？このまま無政府状態のまま？
そんなわけないだろ！
だいじょうぶ！新政府ができてすぐ五月二日＊大阪府《おおさかふ》が誕生《たんじょう》するんだ
このころ大久保利通《おおくぼとしみち》から大阪を首都とするプランが出されていた
政治の中心である天皇を京都から経済・交通の要所《ようしょ》である大阪に移してはどうか！
ええっ!? 大阪が首都に!?
公家などの反対で実現しなかったんだ
でも明治《めいじ》天皇は一か月半にわたって大阪に行幸することになったよ

＊大阪：明治維新以降、「大坂」にかえて「大阪」という字が用いられるようになっていった。

わっ 外国の船がいっぱい！
新政府は大阪を*「開港場《かいこうじょう》」としたので外国船が乗り入れるようになった
外国人居住《きょじゅう》区も つくられた
これが川口居留地《かわぐちきょりゅうち》なんだ
居留地には新しい西洋文化が入ってきた 洋服店《ようふくてん》 洗濯屋《せんたくや》 理髪店《りはつてん》 電信局《でんしんきょく》など‥‥
ステキ！

*開港場：外国の船が出入りしてよい港。付近には外国人が住む「居留地」が設けられた。

居留地対岸の
江之子島《えのこじま》には
明治七年
（一八七四）
大阪府庁が
設けられた
一方
大阪城付近には
＊兵学寮《へいがくりょう》・造兵司《ぞうへいし》・
舎密局《せいみきょく》・大阪病院《おおさかびょういん》・
造幣局《ぞうへいきょく》などが置かれ
軍事や科学技術の
先進地となっていた
!
!
蒸気船《じょうきせん》や
鉄道《てつどう》など
交通機関の
整備
造幣局
初代大阪駅『商工技芸浪華の魁』

＊兵学寮：軍隊の指揮官養成のための施設。
＊造兵司：大砲の製造・修理のための施設。
＊舎密局：化学・物理などの教育のための施設。

鉄橋には ガス灯
パンや ビール
ヱビスビール 賣出之
萬國 一等
大阪東区本町
柴谷洋酒店
人力車 郵便なども 登場した
小学校が できたのも このころだ
えっ ほんとー!
明治五年(一八七二) 政府は「学制《がくせい》」を定め
大阪市に たくさんの 小学校が つくられて いったんだよ
当時の新聞広告

そのころの 東大組第十五区《ひがしおおぐみだいじゅうごく》 小学校
後の 北浜《きたはま》小学校だ
わっ りっぱな 建物だ！
これは 南大組第五区《みなみおおぐみだいごく》 小学校
南第五區 安堂寺橋筋一丁目 小學校圖
「学制」では 全国に 五万 三七六〇の 小学校を つくる計画 だったんだ
『大阪新聞』

慶応四年（一八六八）二月十五日 堺で＊土佐《とさ》藩兵が フランス兵に発砲 一一人が死亡するという 事件が起こった
そのとき 外国事務局《がいこくじむきょく》 判事《はんじ》として 活躍《かつやく》したのが 五代友厚《ごだいともあつ》
！
大変だ！
なんという 事件を 起こして くれたんだ!!
彼は 薩摩《さつま》藩出身で 若くして ヨーロッパに留学 帰国後は 外交や財政の面で 新政府を 支えていた
！

＊土佐：現在の高知県。

明治初年
新政府の
政策で
大阪は
経済的に
大打撃を
受けていた
もう
やってられ
まへん
なんとか
たてなおさ
なくては……

五代は
役人をやめ
一民間人となって
染料《せんりょう》の藍《あい》を
つくったり
鉱山《こうざん》を経営《けいえい》したり
事業を起こし
成功していく

大阪に新しい
工業を導入
明治二十年代には
大阪は
「東洋のマンチェスター*」と呼ばれる
一大工業都市と
なる
大阪紡績会社『浪華商工技芸名所智椽』

*マンチェスター：イギリスの産業革命の中心となった都市。

今までは同業者の組合でいろいろな取り決めをしていたが
他業種《ぎょうしゅ》も含めた商売のルールをつくらないと……
商業・流通《りゅうつう》の近代化をめざした組織が必要だ
五代は明治十一年（一八七八）大阪商法会議所《おおさかしょうほうかいぎじょ》を設立するんだ
!
大阪経済の恩人《おんじん》五代友厚の銅像だ今でも商工会議所《しょうこうかいぎしょ》の前に建っているよ
!

商法會議所

自由民権運動の展開

明治七年（一八七四）江藤新平《えとうしんぺい》・後藤象二郎《ごとうしょうじろう》・板垣退助《いたがきたいすけ》・副島種臣《そえじまたねおみ》らによる「民撰議院設立建白書《みんせんぎいんせつりつけんぱくしょ》」が政府に提出された
このままではダメだ！
国民の選挙で選ばれた議員による政治を行うべきだ
自由民権運動《じゆうみんけんうんどう》が起こっていくんだよ
自由民権運動って？
明治前期政府に対して人々の自由と権利を要求した運動のことだよ
板垣退助は立志社《りっししゃ》を高知県で設立《せつりつ》言論活動《げんろんかつどう》によって民撰議院の設立をめざした

活動の輪は大きく広がっていった―
うーん困った
木戸《きど》孝允《たかよし》と板垣退助《いたがきたいすけ》を政府に呼び戻そう
大久保利通の思わくのもと明治八年（一八七五）一月会議が開かれた
場所は大阪島町《しままち》の三橋楼《さんきょうろう》や北浜の花外楼《かがいろう》という料亭《りょうてい》だった
この「大阪会議《おおさかかいぎ》」は二月に合意に達した
合意内容を読み上げる
一、元老院《げんろういん》（立法《りっぽう》機関《きかん》）をつくること
一、大審院《だいしんいん》（今の最高裁判所《さいこうさいばんしょ》）をつくること
一、地方官会議《ちほうかんかいぎ》を開くこと
一、内閣《ないかく》と各省を分けること

同じ二月
立志社が
各地の
民権派《みんけんは》に
呼びかけ
大阪で
全国組織
「愛国社《あいこくしゃ》」を
結成した
大阪でも
自由民権運動は
盛んに
行われた
明治九年
(一八七六)には
政論新聞《せいろんしんぶん》
『大阪日報《おおさかにっぽう》』が
創刊される
でも
民権的色彩が
強いためたびたび
処分されたんだよ
明治十四年
近畿自由党《きんきじゆうとう》が
創立され
その直後
道頓堀戎座《どうとんぼりえびすざ》で
板垣退助の
政談演説会《せいだんえんぜつかい》が
催された
政談大演説會
來ル十日午後第五時ヨリ道頓堀
戎坐劇場ニ於テ開會辨士ハ板垣
退助君古澤滋君澤邊正修君谷重
喜君阪崎斌君其他數氏聽券ハ五
千枚ヲ限リ左ノ所ニテ賣捌候
但右五千枚ノ中賣殘ノ分ハ本日演説
場ニ於テ賣捌候
九月六日
該會幹事
本町三丁目 大阪日報社
今橋二丁目 大阪新報社
京町堀通一丁目 朝日新聞社
心齋橋通備後町角 吉岡平助
本町四丁目 岡島眞七
心齋橋通瓦町角 北尾禹三郎
堀江芝居前西 中村彦兵衛
中之嶋舊阿波橋町 林市平

警官が監視《かんし》する中五〇〇〇人の聴衆《ちょうしゅう》は拍手かっさいで板垣を迎え
大阪の民権運動はピークに達した
集会を禁止するというなら大川に船を浮かべて船中会議《せんちゅうかいぎ》だ！
明治十五年（一八八二）酒税減額を求める「酒屋会議《さかやかいぎ》」は大阪の川の上で開かれたんだ
!?
急進的な民権家大井憲太郎《おおいけんたろう》らが捕らえられるという大阪事件《おおさかじけん》もあったんだよ
!?

8 大大阪の時代

市制の施行

明治二十二年(一八八九)大阪市が成立した
おっ やっと大阪市の誕生だ!
ただし大阪・東京・京都の三市は特例として府知事が市長をかけ持ちしてたんだ
えっ!?
府知事と市長が同じ人だったの?
大阪市は発足したものの市役所もなかった
へんなの
この特例は明治三十一年(一八九八)に廃止され田村太兵衛《たむらたへえ》が初代市長に選ばれたんだよ

キャッ なによ!!
ゴ
淀川《よどがわ》だよ

これが淀川!?

淀川は下流がくねくねしているのでたびたび水害を起こした

明治18年の淀川洪水

もともと
大阪の港は
河川港で
大きな汽船は
入れなかったん
だけど
ますます土砂が
たまり
大阪の
発展をさまたげる
ようになって
いたんだ

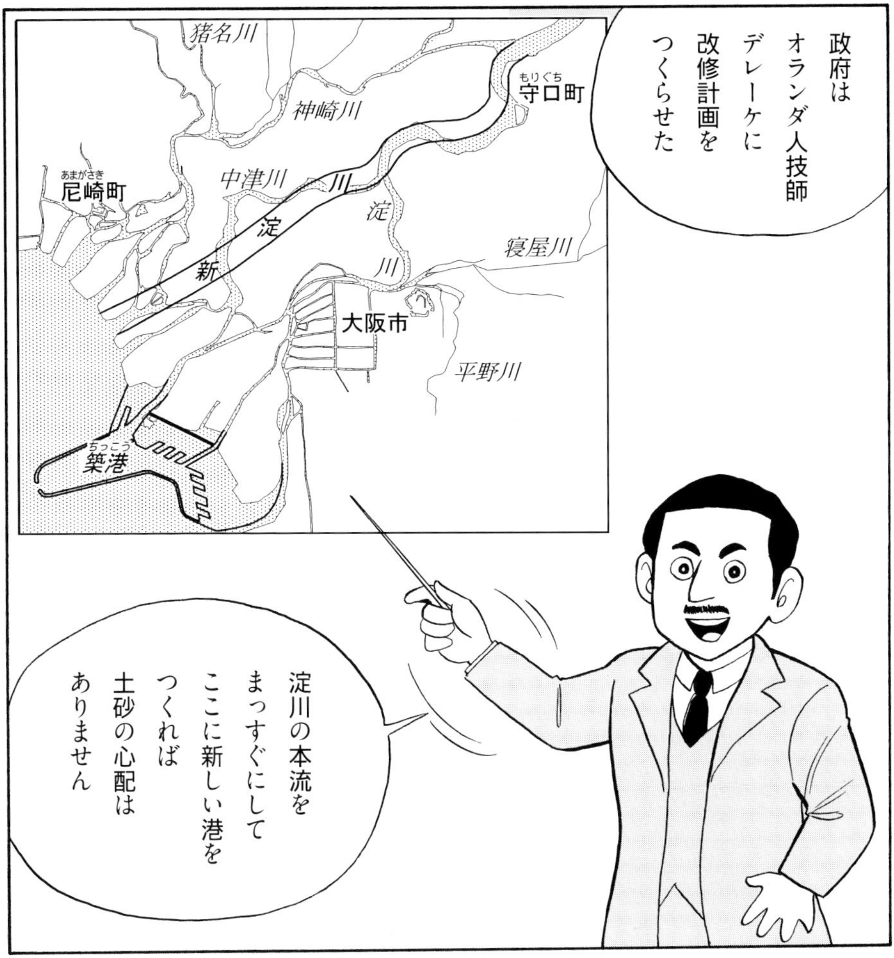
政府は
オランダ人技師
デレーケに
改修計画を
つくらせた
猪名川
守口《もりぐち》町
神崎川
尼崎《あまがさき》町
中津川
新淀川
淀川
寝屋川
大阪市
平野川
築港《ちっこう》
淀川の本流を
まっすぐにして
ここに新しい港を
つくれば
土砂の心配は
ありません

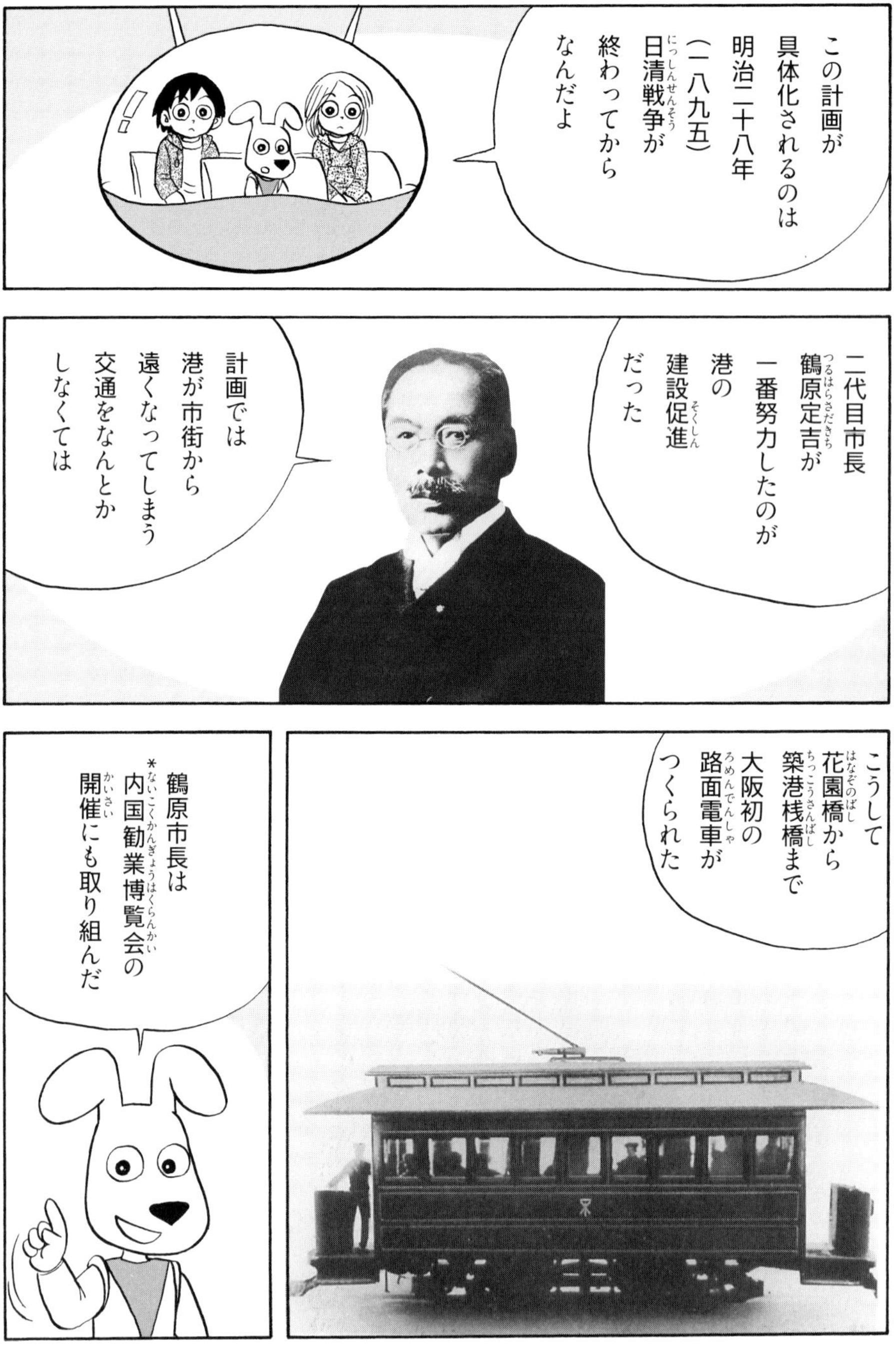
この計画が具体化されるのは明治二十八年（一八九五）日清戦争《にっしんせんそう》が終わってからなんだよ
二代目市長鶴原定吉《つるはらさだきち》が一番努力したのが港の建設促進《そくしん》だった
計画では港が市街から遠くなってしまう交通をなんとかしなくては
こうして花園橋《はなぞのばし》から築港桟橋《ちっこうさんばし》まで大阪初の路面電車《ろめんでんしゃ》がつくられた
鶴原市長は＊内国勧業博覧会《ないこくかんぎょうはくらんかい》の開催《かいさい》にも取り組んだ

＊内国勧業博覧会：政府主催で全国を対象とし、主として産業・技術の成果を出品した博覧会。

明治十年（一八七七）から計五回開催された内国博は政府の＊殖産興業政策《しょくさんこうぎょうせいさく》の一つとして行われた
第五回目が最後にして最大のイベントだった大阪の天王寺で開かれた
わー！
感激！
明治三十六年（一九〇三）三月に開かれた海外からも出品があり万国博覧会のような盛り上がりだったそうだよ

＊殖産興業：外国の進んだ技術を取り入れ、国内の産業を育てること。

!
キャッ
かわいい
噴水《ふんすい》！
すごい
パビリオン
群だ！
エレベーター
冷蔵庫《れいぞうこ》
メリーゴーランド
イルミネーション
そこはまるで
近未来の空間
だった
跡地には
明治四十五年
（一九一二）
初代通天閣《つうてんかく》が
建設された
!
*新世界《しんせかい》と呼ばれた
!

*新世界：遊園地ルナパークを中心に、映画館・飲食店などを集めた娯楽の町。

日露戦争《にちろせんそう》前後から大正にかけ日本の大都市は発展した
!
一方貧富《ひんぷ》の差も拡大し社会問題《しゃかいもんだい》が急増したんだ
米よこせ!
池上市長大変です!大阪にも*米騒動《こめそうどう》が
なんだと!!
うーん慎重《しんちょう》に機敏《きびん》に動かねば!
第六代目市長は池上四郎《いけがみしろう》助役は経済学者の關一《せきはじめ》だった
ふたりはさまざまな対策を講じて都市問題《としもんだい》の解決をめざしたんだよ

＊米騒動：大正七年八月、米価の引き下げを求めて発生した暴動。大阪でも一時期夜間の外出が禁止され、軍隊も出動して警戒にあたった。

天王寺公園《てんのうじこうえん》には池上市長の功績《こうせき》をたたえ銅像が建っている
大阪市が近代都市になるためには「都市計画《としけいかく》」が必要だった
ことに自動車の通行にあわせて道はばを広げることが不可欠《ふかけつ》だった
そこで大阪市は關一を委員長とした都市改良計画《としかいりょうけいかく》調査会《ちょうさかい》をつくり都市計画事業を進めた

農村を開発して
住宅不足を
解消していく！
それには
通勤の便利を
よくしなくては！
自動車道路と
地下鉄をつくり
梅田《うめだ》と難波《なんば》・
天王寺《てんのうじ》で
私鉄とつなげよう

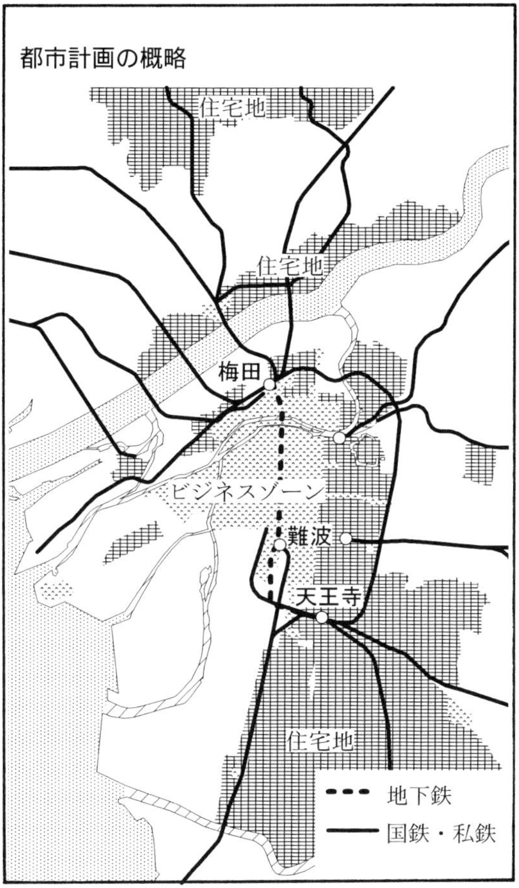
都市計画の概略
住宅地
住宅地
梅田
ビジネスゾーン
難波
天王寺
住宅地
地下鉄
国鉄・私鉄

できたのが
御堂筋《みどうすじ》
なんだよ
へえーっ
そうだ
ったの！

これらを
計画的に
行うには
大阪市を
広げなくては

当時
周辺の農村も大阪市に
組み入れようという
案には
反対も強かった
しかし
交渉のすえ
東成郡《ひがしなりぐん》・
西成郡《にしなりぐん》が
大阪市に
編入される
ことになった
大正十二年
（一九二三）
關一は
第七代市長に
なった
そして
大正十四年
（一九二五）
大阪市は
人口二一一万人の
日本最大の*
都市になったんだ
ここに「大大阪《だいおおさか》」が
誕生《たんじょう》した！

＊当時東京市の人口は一九八万人。これは大正十二年の関東大震災で打撃を受けたこと、東京は市域の拡張が進んでいなかったことによる。

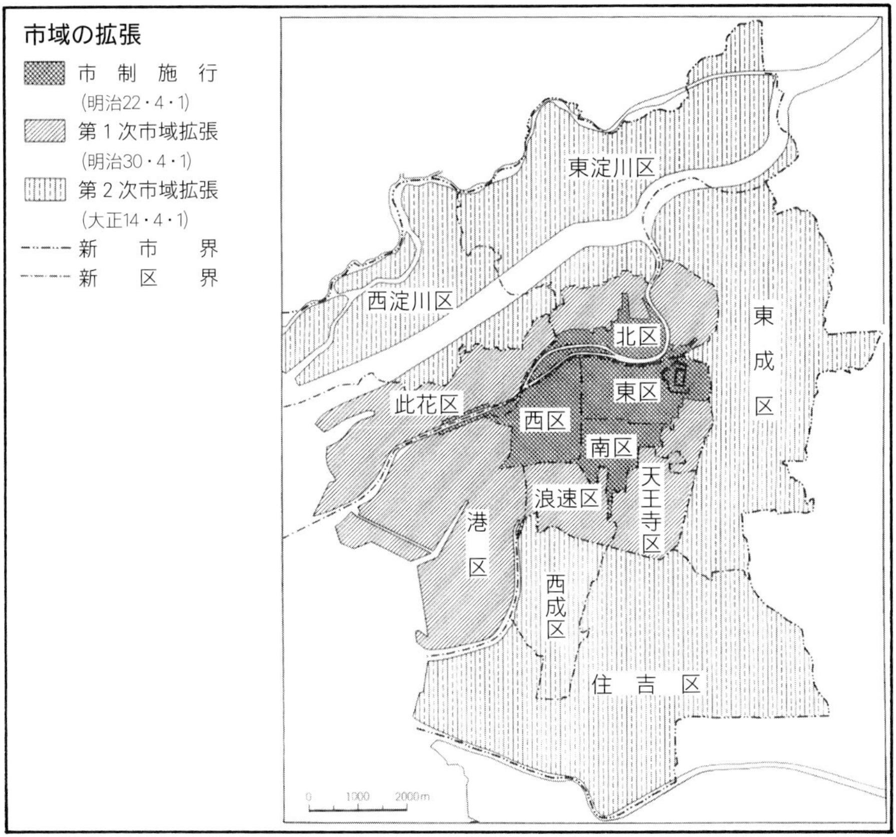
市域の拡張
市制施行
(明治22・4・1)
第1次市域拡張
(明治30・4・1)
第2次市域拡張
(大正14・4・1)
新市界
新区界
東淀川区
西淀川区
北区
東成区
東区
此花区
西区
南区
浪速区
天王寺区
港区
西成区
住吉区
0 1000 2000m

幅四、五メートルの御堂筋を四四メートルに広げるって!?
地下鉄の建設なども はじまり
飛行場《ひこうじょう》でもつくるんか!?
昭和六年(一九三一)大阪城の天守閣《てんしゅかく》が復興《ふっこう》された

大正十年（一九二一）の市役所
明治の後半から大正にかけて洋風の建物が増えはじめ
近代的な街並《まちなみ》みがつくられていったんだ
タクシーバスなども開業したし
*銀バス
市電
*青バス

＊青バス・銀バス：昭和二年に市バスが開業したのち、それまであった民営のバスを青バス、市営のバスを銀バスと呼び区別した。

洋服
洋食も
増えて
いき
大丸

百貨店《ひゃっかてん》も
にぎわった

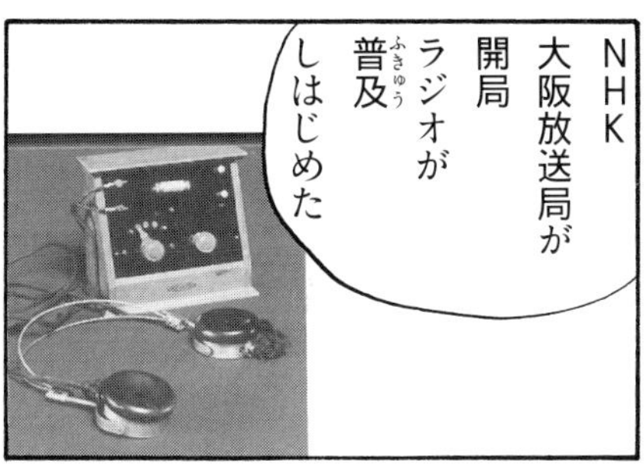
NHK
大阪放送局が
開局
ラジオが
普及《ふきゅう》
しはじめた

人々の生活は
変化し
新しい娯楽《ごらく》も
大いに
発展した

SENNICHIMAI RAKUTENCHI, OSAKA.
千日前樂天地 (大阪)
新世界や
千日前《せんにちまえ》には
遊園地や
映画館が
建ち並んだ

これは大正十三年（一九二四）当時の「大阪パノラマ地図」！
！
區
西
四ツ橋

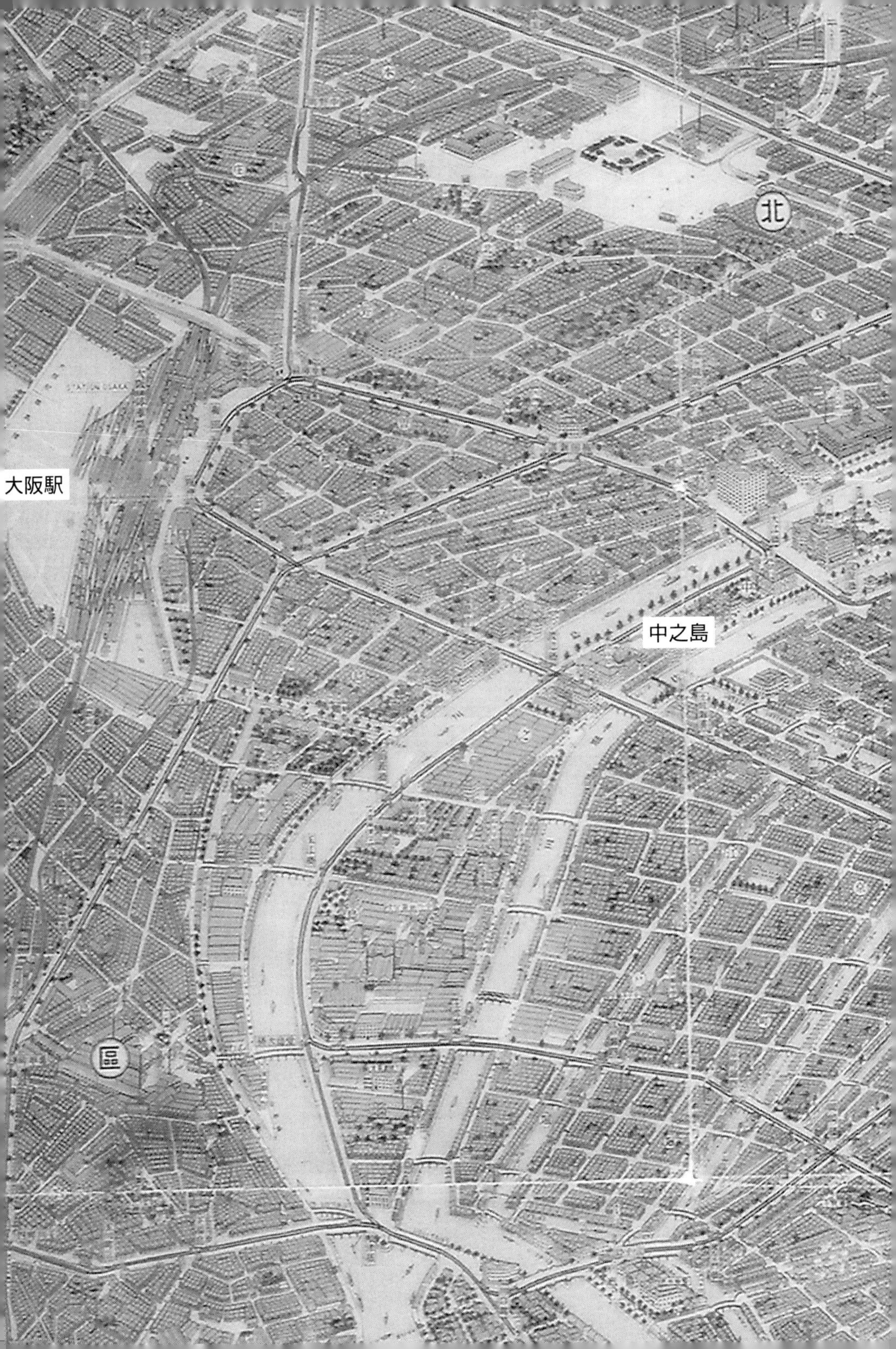
北
大阪駅
中之島
區

法善寺《ほうぜんじ》では 落語《らくご》の寄席《よせ》
道頓堀《どうとんぼり》では 歌舞伎《かぶき》に 少女歌劇《しょうじょかげき》が にぎわった
白井松次郎《しらいまつじろう》 大谷竹次郎《おおたにたけじろう》による 「松竹《しょうちく》」と
吉本《よしもと》せい による 「吉本興業《よしもとこうぎょう》」が 人気を 競ったんだよ
（大阪名所）道頓堀角座
OTONBORI KADCZA OSAKA
わー! 松竹と 吉本って そんな昔から あったんだ!

そのころの大阪の雰囲気を伝える建物は今もいくつか残っているよ
大正七年（一九一八）に建った中之島《なかのしま》の中央公会堂《ちゅうおうこうかいどう》
アメリカでは資産家が財産を公共のために使っている…
わたしも公会堂を建てるため大阪市に一〇〇万円を寄付します
この人は株の取り引きで成功した岩本栄之助《いわもとえいのすけ》さん
＊当時の一〇〇万円はスゴイ金額だよ！
でも商売に失敗して自殺公会堂の完成をみることはなかったんだ

＊当時の一〇〇万円：現在でいうと一〇億円以上にあたる。

なんやて!?
ニューヨーク *ウォール街で 株価《かぶか》が大暴落《だいぼうらく》!?
昭和二年（一九二七）の日本の金融恐慌《きんゆうきょうこう》では大阪の経済も大打撃を受けたなぁ
銀行の休業や倒産《とうさん》やらで大変やった！
わての勤める北浜の金融街は大丈夫やろか？
!?
……

*ウォール街：世界有数の金融街。一九二九年十月の株価暴落は世界恐慌として日本にも影響を与えた。

大変な不景気の時代に入ってしまった……
大阪でも会社や銀行がつぎつぎ倒産 失業者《しつぎょうしゃ》がどんどん増えていったんだ
昭和六年（一九三一）日本は中国に攻め入る
戦争が始まってしまった……
このあと一五年もの間戦争を続けることになるんだ

戦争がはげしくなると大阪でも生活に必要なものが不足していった
配給制《はいきゅうせい》といって食べ物から燃料・服まで決められた数量しか買えなくなるんだ
北浜に勤めていたさっきの人よ
そうだね
山田一郎くんバンザーイ
山田
*召集令状《しょうしゅうれいじょう》がきたんだね・・・・
戦争にいくの？
そうだよ
山田さん・・・・

*召集令状：軍隊への動員を命令する書類、紙の色から「赤紙」ともいわれた。

兵隊さんの無事を祈って＊千人針《せんにんばり》をお願いします
昭和十六年（一九四一）日本はアメリカやイギリスとも戦争を始めてしまう
！
昭和十八年（一九四三）勤労動員《きんろうどういん》が始まる
女子や学童は工場で働かされるようになった
！
同じ年に学徒出陣《がくとしゅつじん》も決定
十一月十六日には中之島公園《なかのしまこうえん》で出陣学徒壮行会《しゅつじんがくとそうこうかい》があった
あっ山田さんの息子さんも！
！

＊千人針：一枚の布に千人の女性が赤い糸で一針ずつ結び目を縫うと、弾よけになるといわれた。

特別攻撃隊《とくべつこうげきたい》に入れられ南の海に散っていった人も少なくなかった
なぜこんなことに……
戦争なんてイヤだよ！
昭和十九年（一九四四）サイパン島が陥落《かんらく》大型爆撃機《おおがたばくげきき》B29の空襲《くうしゅう》が始まった
えっ⁉大阪が爆撃されるの？
大阪だけじゃない日本各地が爆撃されるようになった
政府は都市部の＊学童疎開《がくどうそかい》を決定した
おかあちゃん……おねえちゃん……

＊学童疎開：小学生を空襲の危険の多い都市部から、農村部に移らせること。親戚をたよる縁故疎開と学年全体で疎開する集団疎開があった。

体に気をつけるんだよ
縁故疎開《えんこそかい》が約十二万人
えっそんなにたくさん!?
!
集団疎開《しゅうだんそかい》もある
三次にわたる集団疎開では約十万六千人の学童が大阪を離れた
府下の町村への疎開がもっとも多かったんだけど広島県《ひろしまけん》石川県《いしかわけん》などに送られた人もいる
!
歓迎

一〇歳前後の子どもが親のもとを離れ十分な食糧《しょくりょう》もなく寮《りょう》生活を送ったんだ
……
……
十二月十九日とうとうB29が中河内郡《なかかわちぐん》三宅村《みやけむら》(現松原市《まつばらし》)・瓜破村《うりわりむら》を爆撃
最初の大阪空襲だよ
昭和二十年(一九四五)三月十三日深夜から十四日の未明にかけB29二七四機が来襲《らいしゅう》大阪市内に一機あたり千発以上の*焼夷弾《しょういだん》を投下した―

*焼夷弾：町を焼きつくすための爆弾。一〜三〇〇〇度で激しく燃える。

市内中央部は一面の火の海となり深夜にもかかわらず真昼のような明るさになった―
あ
雨だ!
黒い雨だ!
三時間半にわたる空襲の後市内には黒い雨が降った‥‥
大空襲は終戦まで八回に及んだ
空襲による大阪市民の死者は一万人以上被害を受けた人は百万人以上といわれている

戦災焼失地域図(昭和20年)

灰色の部分が焼失した場所。地名は昭和20年当時のもの。

昭和二十年（一九四五）八月十五日
市中ほとんど焼け野原となった日本は戦争に敗れた
!
なんということに・・・・これが大阪!?

山田
わての家は!?
おかえり
あんた！
とうちゃん!!
おまえたち!!

うう……
戦争が終わり恐ろしい空襲もなくなったけど
食べるものも住む家もないまま人々は厳しい生活をしていくんだ
けんめいに生きてやがて商店や工場が活気をとりもどし
翌年には戦争前の半分の工場が仕事をするようになっていったんだ

9 現代　今に生きるわたしたち

昭和二十五年（一九五〇）ごろから景気がよくなり大阪の町は立ち直っていったんだよ

昭和四十五年（一九七〇）千里丘陵《せんりきゅうりょう》で日本万国博覧会《にほんばんこくはくらんかい》が開催された

一日三十五万人の人が集まったんだよ！
わー
スゴイね！

人類の進歩と
調和をテーマに
開かれた
この博覧会は
世界の人々との
親睦《しんぼく》と交流を
広げていった
んだ
!
日本万国博閉会式

平成二年
（一九九〇）には
鶴見緑地《つるみりょくち》で
国際花《こくさいはな》と緑《みどり》の
博覧会《はくらんかい》が
開かれている

さあー
現代に
戻ろう!!
ギューン

パ
あれ!? 見たことがある!!
そう 天王寺雅楽《てんのうじががく》さ
聖徳太子《しょうとくたいし》のころに中国・朝鮮から入ってきた音楽や舞を奈良時代から平安時代にかけて完成させたものだったよね
そうだよ! 大阪の人たちによってずっと守り伝えられてきたんだ
スゴイ!

大阪には昔からいろいろな文化や習慣を受け入れてきた歴史がある
今は人もモノも情報も簡単に世界をいききできる

ユニバーサル・スタジオ・ジャパンだ！
ここは平成十三年（二〇〇一）に開業したよね
UNIVERSAL STUDIOS

MA 5005 M Susan Marie

写真提供　ユニバーサル・スタジオ・ジャパン™

大阪の町に他の国の人たちがたくさん出入りするようになるよ
みんな違う文化や習慣をもっているけど
お互いわかりあえば戦争なんて起こらない!
これからの大阪は誰もが暮らしやすく来て楽しいと思える町にしていかなくてはいけない
君たちがそうするんだ!
!

エピローグ

パッ
あ ボクたちのマンション！
どう だった？
楽しかったわ ありがとう！
フフフ ボクの住んでいる未来がなぜ明るくて楽しいのかタイムスリップしてわかったよ！
なぜ だったの？

明るくて元気でやさしい君たちがいたからさ！
バイバーイ
さよならーー！
未来か……
楽しみよね……

付　録

年　表
大阪市内の公立図書館と歴史に関する博物館
図版提供等協力者一覧

時　代	大阪のできごと	日本・世界のできごと	
1854(安政元)	ロシア軍艦ディアナ号天保山沖に来る、安政の大地震がおきる	1841 1853	天保の改革が始まる ペリー浦賀に来航
1868(慶応4明治元)	大坂城炎上、大阪が開港場となり川口居留地ができる、舎密局を開く	1867 1871	大政奉還 廃藩置県
1871(明治4)	東区平野町と本願寺難波別院に小学校開設	1872	学制を制定、新橋～横浜間鉄道開通
1874(明治7)	大阪～神戸間に鉄道開通、大阪府の江之子島庁舎完成	1877	西南戦争おこる
1875(明治8)	大阪会議が開かれる、愛国社が結成される	1885	内閣制度を設置
1885(明治18)	初の私鉄が難波～大和川間に開通、淀川で大洪水発生	1889	大日本帝国憲法発布
1889(明治22)	市制・町村制がしかれ大阪市ができる	1894	日清戦争始まる
1897(明治30)	大阪市第1次市域拡張、大阪築港起工式	1904	日露戦争始まる
1903(明治36)	第5回内国勧業博覧会が開かれる、市電・民営乗合自動車が営業	1914	第1次世界大戦に参戦
1918(大正7)	米騒動おこる	1923	関東大震災
1920(大正9)	第1回国勢調査、市人口125万人、府258万人	1931 1937	満州事変おこる 日中戦争全面化
1928(昭和3)	大阪商科大学設立		
1931(昭和6)	大阪城天守閣再建、中央卸売市場ができる	1941	太平洋戦争始まる
1933(昭和8)	梅田～心斎橋間に地下鉄ができる	1945	広島・長崎に原爆投下、ポツダム宣言受諾
1944(昭和19)	学童の集団疎開が始まる		
1945(昭和20)	空襲で市内の大部分が焼ける、10月の市人口107万人、府280万人	1946 1952	日本国憲法公布 講和条約発効
1961(昭和36)	難波宮の大極殿跡を発見	1960	日米安全保障条約改定
1964(昭和39)	新大阪～東京間に新幹線開通	1972	沖縄日本に復帰、日中共同声明
1965(昭和40)	阪神高速道路大阪1号線が開通		
1969(昭和44)	大阪の市電が全て廃止される	1973	第1次石油危機
1970(昭和45)	日本万国博覧会が千里丘陵で開かれる	1989	ベルリンの壁崩壊、天安門事件
1990(平成2)	国際花と緑の博覧会が鶴見緑地で開かれる		
1994(平成3)	関西国際空港ができる	1991	湾岸戦争
1995(平成7)	阪神淡路大震災		
		2001	アメリカで同時多発テロ

年　表

時　代	大阪のできごと	日本・世界のできごと	
3万年前	長原などでナイフ形石器が使われる	57	奴国王が後漢から金印をもらう
約4千年前	森の宮遺跡の貝塚ができる		
0～100ごろ	長原に大溝で囲まれた集落がつくられる	239	卑弥呼、魏に使を送る
400～500ごろ	法円坂に巨大倉庫群がつくられる	478	倭王武（雄略天皇）が宋に使者を送る
593（推古元）	厩戸皇子（聖徳太子）が四天王寺を建てる	593	聖徳太子が摂政になる
645（大化元）	都を飛鳥から難波長柄豊碕宮にうつす	645	大化の改新が始まる
754（天平勝宝6）	鑑真が難波津に到着する	710	平城京に都をうつす
785（延暦4）	三国川（神崎川）と淀川を結ぶ工事	794	平安京に都をうつす
1185（文治元）	源義経が渡辺（一説に大物）から出帆、平家をほろぼす	1192	源頼朝が征夷大将軍となる
1237（嘉禎3）	藤原家隆、夕陽丘で没する	1333	鎌倉幕府がほろぶ
1333（元弘3正慶2）	楠木正成が天王寺に出兵、千早城で抗戦	1338	足利尊氏が征夷大将軍となる
1496（明応5）	本願寺の蓮如が大坂に寺をつくる		
1532（天文元）	摂河泉で大規模な一向一揆がおきる	1392	南・北朝が一つになる
1550（天文19）	宣教師ザビエルが堺に上陸する	1428	京都付近で大規模な土一揆がおこる
1570（元亀元）	本願寺と織田信長の戦いが始まる		
1580（天正8）	本願寺が大坂を退去し、寺内町は焼失する	1467	応仁の乱おこる
1583（天正11）	羽柴秀吉が大坂に入り築城開始	1573	室町幕府ほろぶ
1614（慶長19）	大坂冬の陣	1576	織田信長安土城を築く
1615（元和元）	大坂夏の陣で豊臣氏がほろぶ	1590	豊臣秀吉が全国を統一
1619（元和5）	幕府が大坂を直轄領とし、城代・町奉行をおく	1600	関ヶ原の戦い
		1603	徳川家康が江戸幕府を開く
1703（元禄16）	近松門左衛門作の曽根崎心中が初演される		
1704（宝永元）	大和川のつけかえ工事が行われる	1603	お国が歌舞伎を始める
1727（享保12）	幕府が懐徳堂を官許の学問所とする	1635	幕府、海外渡航を禁止
1730（享保15）	堂島の米市場が幕府公認となる	1637	島原・天草の乱がおこる
1802（享和2）	淀川大洪水で摂津・河内237ヶ村が被害受ける	1716	享保の改革が始まる
		1787	米価があがり打ちこわしおこる、寛政の改革
1837（天保8）	元東町奉行所与力・大塩平八郎が乱をおこす	1802	「東海道中膝栗毛」出版
1838（天保9）	緒方洪庵が適塾を開く	1830	おかげ参りが大流行

大阪市内の
公立図書館と
歴史に関する博物館

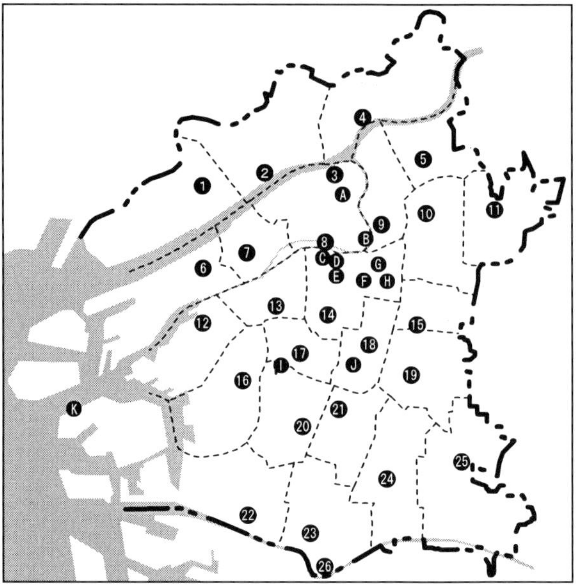

図書館

❶大阪市立西淀川図書館
ＪＲ御幣島駅下車
❷大阪市立淀川図書館
阪急十三駅下車
❸大阪市立北図書館
地下鉄天神橋筋６丁目駅下車
❹大阪市立東淀川図書館
阪急淡路駅下車
❺大阪市立旭図書館
地下鉄千林大宮駅下車
❻大阪市立此花図書館
阪神千鳥橋駅下車
❼大阪市立福島図書館
地下鉄野田阪神駅下車
❽大阪府立中之島図書館
地下鉄·京阪淀屋橋駅下車
❾大阪市立都島図書館
地下鉄·京阪·ＪＲ京橋駅下車
❿大阪市立城東図書館
地下鉄蒲生４丁目駅下車
⓫大阪市立鶴見図書館
地下鉄横堤駅下車
⓬大阪市立港図書館
地下鉄·ＪＲ弁天町駅下車
⓭大阪市立中央図書館
地下鉄西長堀駅下車
⓮大阪市立島之内図書館
地下鉄長堀橋駅下車
⓯大阪市立東成図書館
地下鉄今里駅下車
⓰大阪市立大正図書館
市バス大正区役所前下車
⓱大阪市立浪速図書館
地下鉄大国町駅下車
⓲大阪市立天王寺図書館
地下鉄谷町９丁目駅下車
⓳大阪市立生野図書館
市バス大池橋下車
⓴大阪市立西成図書館
地下鉄岸里駅下車
㉑大阪市立阿倍野図書館
地下鉄阿倍野駅下車
㉒大阪市立住之江図書館
地下鉄住之江公園駅下車
㉓大阪市立住吉図書館
南海高野線我孫子前駅下車
㉔大阪市立東住吉図書館
地下鉄駒川中野駅下車
㉕大阪市立平野図書館
ＪＲ加美駅下車
㉖大阪市立大学
学術情報総合センター
ＪＲ杉本町駅下車

博物館

🅐大阪くらしの今昔館
(住まいのミュージアム)
地下鉄天神橋筋６丁目駅下車
🅑造幣博物館
ＪＲ大阪天満宮駅下車
🅒適塾
地下鉄·京阪淀屋橋駅下車
🅓くすりの道修町資料館
地下鉄·京阪北浜駅下車
🅔大阪企業家ミュージアム
地下鉄堺筋本町駅下車
🅕大阪歴史博物館
地下鉄谷町４丁目駅下車
🅖大阪城天守閣
地下鉄谷町４丁目駅下車
🅗ピース大阪
(大阪国際平和センター)
地下鉄·ＪＲ森ノ宮駅下車
🅘リバティ大阪
(大阪人権博物館)
ＪＲ芦原橋駅下車
🅙四天王寺宝物館
地下鉄四天王寺前夕陽ヶ丘駅
下車
🅚なにわの海の時空館
地下鉄コスモスクエア駅下車

図版提供等協力者一覧 (50音順・敬称略)

下記の方にご協力いただきました。記してお礼申し上げます。

雲南市教育委員会(島根県)……加茂岩倉遺跡出土銅鐸写真(P.21)
円珠庵……契沖像(P.137)
大阪市文化財協会……森の宮遺跡出土釣針・ヤス(P.16)、瓜破遺跡出土大型石包丁(P.18)、長原遺跡出土人形土製品(P.20)、同絵画土器拓本(P.20)、瓜破遺跡出土木製品(P.25)、難波宮跡公園上空写真(P.26)、山根徳太郎写真(P.27)、難波宮跡出土鴟尾片(P.28)、難波宮回廊跡遺構写真(P.29)、難波宮大極殿跡調査地全景写真(P.29)、難波宮遺構配置図(P.34)、細工谷遺跡出土墨書土器(P.46)、長原遺跡出土韓式系土器(P.46)、大坂城本丸地下断面図(P.107)
大阪城天守閣……大坂夏の陣図屏風(表紙)、天守閣外観(P.7)、大阪城航空写真(P.8)、蛸石(P.108)、浪花川崎鋳造場の風景(P.163)
大阪市立自然史博物館……ナウマン象化石(P.10)
大阪大学……緒方洪庵像(P.153)
大阪府教育委員会……谷文晁筆木村蒹葭堂像(重要文化財)(表紙・P.139)
大阪府文化財センター……城山遺跡17号方形周溝墓(P.20) 方形周溝墓全体図(P.21)
大阪府立中之島図書館……西鶴置土産(P.136)、夢ノ代(P.139)、坂府新名所・高麗鉄橋(P.164)
大阪歴史博物館……前期難波宮模型(P.31)、後期難波宮模型(P.33)
柿衞文庫……重徳筆近松門左衛門像(P.134)
京都国立博物館……扁平紐式六区袈裟襷文銅鐸(表紙・P.24)
清水寺……朱印船末吉船絵馬(P.117)
高知市立自由民権記念館……板垣退助肖像写真(P.171)
神戸市立博物館……浪花松嶋の風景流行往来賑の図(表紙・P.164)、織田信長像(P.91)、神武天皇浪速行幸図(P.161)、東大組第十五区小学校之図(P.165)
国際花と緑の博覧会記念協会……国際花と緑の博覧会会場写真(P.203)
国土交通省大阪国道事務所……中之島附近航空写真(P.7)
堺市博物館……大仙古墳写真(P.36)
天王寺楽所雅亮会……「蘭陵王」演舞写真(表紙・P.204)
天理大学附属天理図書館……上田秋成自画像(P.137)
東大寺……鑑真和上坐像(P.51)、行基菩薩坐像(P.54)
プール学院……川口居留地からみた大阪府庁(江之子島)(P.163)
文化庁……長原高廻り2号墳出土舟型埴輪(重要文化財)(P.39)
桃山学院史料室……ワレン師宅写真(P.162)
ユニバーサル・スタジオ・ジャパン……Universal elements and Universal Studios Japan™ & © Universal Studios. All rights reserved. JAWS ® & © Universal Studios Jurassic Park-The Ride ® & © Universal Studios and Amblin　CR06-1615(P.205)
読売新聞(大阪本社)撮影……古代復元船「なみはや」ゴールの釜山港に入る(P.39)
六波羅密寺……平清盛公坐像(P.62)
監修協力　寺木伸明

あとがき

大阪市立中央図書館が平成8年、全国最大規模の公共図書館として、リニューアルしてから、今年の7月で10年目を迎えました。新館開館10周年を記念して本書を企画しました。大阪の歴史について、小学生から大人の人まで、親しんでいただきたいという思いで、わかりやすくビジュアルな形での出版といたしました。

大阪で生活している人々は大勢いますが、大阪でどんなことがあったかについては、案外知らないと思います。大阪がどのような土地柄であり、どのような歴史を歩んできたかを知ることは、とても大事だと思います。現代の大阪をつくりあげてきたいろいろな要素を理解することで、はじめて「大阪らしさ」がわかり、大阪市民の誇りがはぐくまれると思います。

大阪は、比較的早く人々が住み着いたところです。昔から物資の流通の拠点であり、外交でも重要な役割を果たした場所でした。645年に都が移されましたが、ここに建設されたのは日本で最初の本格的な都でした。

古代から中世にかけて、上町台地の西側は湿地帯でしたが、次第に開発が進められ、江戸時代のはじめには、船場や島之内などができ、いくつもの運河が掘られ、現在の大阪の基礎部分が出来ました。また、文化芸術・経済の中心地として、大きな役割を果たしました。近代になると、都市計画事業が行われ、商工業が一層発達し、日本を代表する近代都市へと変貌しました。第二次世界大戦の末期に、大空襲にあい焼け野原になってしまいましたが、不死鳥のように復興を果たし、現在にいたっています。

現代に生きる私達は、先人達の大変な苦労の結果生み出された豊かな文化・芸術を受け継ぎ、将来へ引き継がなければなりません。

この本を読まれて、大阪をより理解していただき、大阪に対する親しみや愛着を持っていただければ幸いです。

平成18年10月

大阪市史編纂所長　堀田暁生

さいわい徹《とおる》
日本漫画家協会会員
「宇宙人ピー」で第５回藤子不二雄賞入賞
代表作「ボクはコースケくん」
「やったれフータブータ」
「森の中の海で」
「ふるさと伝記シリーズ」他多数
http://blogs.yahoo.co.jp/saiwaimiyuki

まんが版《ばん》 大阪市《おおさかし》の歴史《れきし》
平成18年10月15日　発行

編　　集…大阪市史編纂所・大阪市史料調査会
脚色・画…さいわい徹
発　　行…和泉書院
〒543-0002 大阪市天王寺区上汐５丁目3-8
電話 06-6771-1467
印刷・製本…亜細亜印刷

ISBN4-7576-0390-8 C0021